Dirk Grosser
Der Buddha auf vier Pfoten

Dirk Grosser

Der Buddha auf vier Pfoten

Wer braucht schon einen Zen-Meister,
wenn er einen Hund hat?

Mit Illustrationen von
Frank Schulz

Der Verlag behält sich die Verwertung der urheberrechtlich
geschützten Inhalte dieses Werkes für Zwecke des Text- und
Data-Minings nach § 44 b UrhG ausdrücklich vor.
Jegliche unbefugte Nutzung ist hiermit ausgeschlossen.

Penguin Random House Verlagsgruppe FSC® N001967

6. Auflage
Originalausgabe
© 2015 Kailash Verlag, München,
in der Penguin Random House Verlagsgruppe GmbH,
Neumarkter Str. 28, 81673 München
Lektorat: Ralf Lay
Umschlaggestaltung: ki 36 Editorial Design, München, Sabine Krohberger unter
Verwendung eines Motivs von © Frank Schulz (www.atelierschulz.de)
Illustrationen: © Frank Schulz (www.atelierschulz.de)
Innenlayout: ki 36 Editorial Design, München, Sabine Krohberger
Foto auf Seite 230 Björn Gaus (www.bg-fotodesign.de),
Foto auf Seite 231 Steffi Behrmann (www.steffibehrmann.de)
Satz: Satzwerk Huber, Germering
Druck und Bindung: Print Consult, München
Printed in Slovakia
ISBN 978-3-424-63112-8

www.kailash-verlag.de

Für Bobba. Unvergessen.

Inhalt

—

EINLEITUNG 8

—

Willkommen in der Realität 14

Der Meister und sein Stöckchen 22

Die Dinge einfach tun – die Dinge einfach sein lassen 34

Bodhisattva mit feuchter Nase 45

Kein Anfang, kein Ende 59

Rollen, Masken und ballonseidene Jogginganzüge 72

Super, schon wieder Hundefutter! – Echte Zufriedenheit 84

Wirf den Ball! – Das Leben ist kein Leiden 97

Jeder Tag ein neuer Tag 108

Erziehung sinnlos! 118

Götter, Karma und der Bio-Mülleimer 126

Zazen und der Darmwind des Todes 142

Spontane Meditation und der rasende Schneewal 153

Einfach im Tao schwimmen 162

Teddy Ohnekopf weist über Zen hinaus 173
Zwei Narren 185

Die letzte Lektion:
Abschiednehmen für Anfänger 191

Zum Schluss 200

Dank 204

ANHANG 206
Meditationsanleitung 207
Glossar 214
Literaturempfehlungen 222
Anmerkungen 227
Über den Autor 230
Über den Hund 231

Einleitung

—

ES GIBT BUDDHISTISCHE BÜCHER für gestresste Mütter, für Grafik-Designer und natürlich auch für Dummies und Motorradbastler. Golfer verbessern ihren Schwung durch Zen, und Manager versuchen durch Meditation noch mehr aus ihrem Tag herauszupressen. Offenbar taugt der Buddha, seit er im Westen angekommen ist, für nahezu jeden Zweck. Doch haben Sie keine Sorge: Dies ist kein Zen-Buch für Hundehalter! Wenn Sie das gedacht haben, legen Sie es schnell wieder zur Seite! Sie werden hier weder lernen, mit der Leine eins zu werden, noch, ihren Hund mit dem Geist eines Samurai durch den Agility-Parcours zu treiben. Worum es hier geht, ist vielmehr die Geschichte eines ungewöhnlichen vierbeinigen Meisters und seiner nicht minder ungewöhnlichen Methoden, die Lehren des Buddha darzulegen und dabei mein komplettes Leben auf den Kopf zu stellen.
Der Buddhismus kann in seiner Historie auf viele außergewöhnliche Lehrer zurückblicken. Von Milarepa zu Chögyam Trungpa, von Joshu und Ryokan zu Kodo Sawaki und vielen weiteren waren einige seltsame Gestalten und heilige Narren unter ihnen vertreten, die sich genau-

so wenig um gesellschaftliche Konventionen scheren wie um ihr eigenes Ansehen. Einen der aberwitzigsten Meister dieser langen Tradition von schrägen Typen durfte ich einige Jahre lang beherbergen, in denen er mir nicht seine Auffassung oder Überzeugung, sondern seine direkte Verwirklichung der buddhistischen Lehren vermittelte. Er schlief neben meinem Bett auf dem Fußboden, aß mit mir zusammen, ging mit mir joggen, begleitete mich überallhin und verwies mich in jeder Sekunde seines Daseins auf das Wesentliche.

Er folgte keiner bestimmten der vielen buddhistischen Schulen, war weder dem Hinayana* noch dem Mahayana oder dem Vajrayana in besonderer Weise zugetan. Er war auch nicht den weiten Weg aus Asien gekommen, war kein Chinese, kein Inder, kein Japaner und kein Tibeter. Er war einfach ein Hund und lehrte einen Buddhismus, der ganz von seiner unkomplizierten Art zu leben durchdrungen war und dabei genau auf meine Fragen zugeschnitten schien.

Die Lehren des Buddha hatten bei ihrer Verbreitung in der Welt stets die jeweilige Kultur bereichert, auf die sie trafen, gewisse Besonderheiten der Länder in sich aufgenommen und zu einem Teil des Weges gemacht. Als der Buddhismus dann irgendwann auch in den Westen schwappte, haben wir hier leider die kulturellen Prägungen des asiatischen Raumes für unumgängliche Inhalte dieser Lebenskunst gehalten und uns stark an Dingen orientiert, die eher verwirren als hilfreich sind.

---

* Buddhistische Begriffe werden im Glossar erläutert (siehe Anhang).

Ich habe selten gehört, dass jemand dies deutlicher und verständlicher ausdrückte als Dzogchen Pönlop Rinpoche, ein junger Gelehrter des tibetischen Buddhismus, der in einem Interview sagte:

> Der Buddhismus ist wie eine Kristallkugel klar und durchsichtig. In Tibet lag diese Kristallkugel nun, sagen wir, auf einem roten Tisch. Viele Leute denken nun, dass der Buddhismus eine rote Kristallkugel ist, und tun ihr Bestes, den roten Anstrich zu pflegen, und merken nicht, dass die rote Farbe nur wegen einer bestimmten Tradition in der klaren Kristallkugel leuchtet. Manchmal, scheint mir, wird dieser rote Tisch zu sehr gepflegt. Der Westen sollte versuchen, die klare Kugel zu erkennen und sie auf ihren eigenen Tisch zu legen. Scheint die Kugel dann plötzlich blau, wie der Tisch im Westen blau ist, so ist das kein Problem, denn die reine Essenz ist eigentlich klar und durchsichtig und nicht blau oder rot.[1]

Nun, meine buddhistische Kristallkugel lag auf einer beigefarbenen Hundedecke, rollte dann in den Park und nahm das Grün der Wiesen an, das Weiß und Gelb der Gänseblümchen, das Rot der Aschewege und das Braun der Holzbänke, auf denen ich so oft saß, während mein geschätzter Lehrer zu meinen Füßen lag und herzhaft schnarchte. Manchmal mutierte diese Kristallkugel aus reinem Mitgefühl auch zu einem bunten Quietschball, der es einem nicht übel nahm, wenn man mal auf ihn drauftrat, und der so immer dabei sein und seine heilsame Wirkung verbreiten konnte.

Im Laufe der Jahre mit meinem Hund wurde mir zusehends klarer, dass wir zwar in Zen-Klöstern meditieren und Seminare von tibetischen

Mönchen besuchen können, dass wir teure Wochenenden in Wellness-Oasen buchen oder auch nach Thailand oder Nepal fahren können, dass wir von einem Seminar zum anderen hüpfen und viel an uns selbst arbeiten können – und uns dennoch manchmal trotz aller Anstrengung immer noch dort befinden, wo wir unsere Reise begonnen haben …
Dabei könnten wir es uns viel einfacher machen, denn die wahren Meister der Meditation bringen uns für ein wenig Aufmerksamkeit, ein wenig Liebe und ein getrocknetes Schweineohr gern bei, was sie wissen!
Mein vierbeiniger Lehrer verkörperte alles, um was es in der Meditation geht: Achtsamkeit, Großzügigkeit, Gelassenheit, Spontaneität, Offenheit des Geistes, Weite des Herzens und vor allem eine bedingungslose Freundlichkeit. War meine spirituelle Praxis vor der Begegnung mit meinem Lehrer von meinem restlichen Leben getrennt, wurde sie mit ihm immer mehr Teil meines Alltags, bis dieser Alltag selbst zu meiner Praxis wurde.

Wenn ich in diesem Buch die Lehren meines Hundes meist mit den Lehren alter Zen-Meister in Bezug setze, dann vor allem deshalb, weil diese Chan- oder Zen-Meister einen Sinn für Leichtigkeit und Humor hatten, der dem meines Lehrers sehr nahekam. Dies liegt wohl vor allem daran, dass sich der Buddhismus bei seiner Verbreitung im alten China mit der viel älteren Lehre des Taoismus verband und aus diesen beiden verschmolzenen Richtungen der Chan- beziehungsweise Zen-Buddhismus hervorging. Die alten Taoisten liebten die Natur, sie saßen stundenlang herum und beobachteten staunend das Wunder des sich spontan entfaltenden Tao, des Lebens, das sich ganz natürlich entwickelt und wie ein Fluss Kurven beschreibt, mal schneller und mal langsamer fließt, sich windet, dahinplätschert und fröhlich gluckst. Ihre Lehren waren wenig akademisch, sondern eher so unkompliziert wie das Wachstum eines Baumes, der Flug eines Kranichs oder der Mittagsschlaf eines Hundes. Diese Unkompliziertheit und spontane Lebendigkeit gaben sie an das Zen weiter, und der Buddhismus erlebte in China und Japan eine neue Blütezeit.

Wie durch Zeit und Raum teleportiert, stand eines Tages die vollkommene Verkörperung dieser Geisteshaltung vor mir – überraschenderweise mit Fell, einer feuchten Nase und recht skurrilen Eigenheiten ausgestattet. Für andere mögen die Erkenntnisse des Buddha in von langer Lehrtradition legitimierten Autoritäten lebendig werden, in Mönchen, Lamas, Rinpoches und Bhikkhus. Für mich wurden sie in einem Hund sichtbar.

Vielleicht hätte alles, was ich erlebt habe und in diesem Buch schildere, auch ganz anders ablaufen können, wenn mir eine griechische Landschildkröte über den Weg gelaufen wäre und ich sie auf den Namen »Yoda« getauft hätte, um fortan in der Gewissheit zu leben, mich bei einem waschechten Jedi-Meister in der Ausbildung zu befinden. Doch ein Hund hatte wohl einfach den Vorteil, dass er mich auf Schritt und Tritt begleiten konnte, was einer Schildkröte meist recht schwerfällt. Und haben Sie schon mal einen Ball für eine Schildkröte geworfen? Eine eher langwierige Angelegenheit!

So ist es gekommen, wie Sie es in diesem Buch lesen können: Ein verschmuster Hund mit manchmal abartigen Vorlieben und einem großen Herzen wies mich auf die Essenz der buddhistischen Lehren hin, lebte sie mir vor und unterstützte mich mit allen ihm zu Gebote stehenden

Mitteln auf einem herausfordernden Weg des Verstehens. Für mich zeigten sich diese Lehren irgendwann nicht mehr nur in Meditation und dem Studium alter Texte, sondern genauso im Ballwerfen, Rennen, Hecheln und in einem Teddybären mit abgebissenem Kopf, der in der ganzen Wohnung herumgetragen wurde ...

Willkommen in der Realität

Alles Wissen, die Gesamtheit aller Fragen
und alle Antworten, ist in den Hunden enthalten.

FRANZ KAFKA

IN WESTFALEN SIND ZEN-MEISTER nicht sehr verbreitet. Wir haben Pickert und Wurstebrei, und auf jeden Einwohner kommen mindestens zwei Pferde und vier Kühe – aber Meditationslehrer sucht man zumeist vergeblich.

Umso glücklicher war ich, als mir eines Tages ein waschechter Zen-Meister begegnete. Zugegeben, ich erkannte ihn nicht gleich, aber seine Verkleidung war auch sehr gelungen … Mittelgroß, mittelbraun, mittelprächtig – Bobba war auf den ersten Blick der gewöhnlichste Hund, den man sich nur vorstellen kann. Und doch war er ein leibhaftiger Buddha, wenn auch ohne Robe und ohne Mala. Vierzehn Jahre durfte ich mit ihm verbringen, in denen er mir jeden Tag eine sehr weise und vor allem einfache Lebenskunst vorlebte, vierzehn Jahre, in denen ich jeden Tag etwas zu lachen bekam und in denen mir dieses wundersame Wesen trotz seines nach Fisch riechenden Atems und seiner Haare, die er großflächig auf der Couch verteilte, ans Herz wuchs. Als wir uns begegneten, hatte er bereits eine typische moderne Hundekarriere hinter sich. Obwohl er erst eineinhalb Jahre alt war, hatte er schon zweimal im Tierheim gesessen und war von vier verschiedenen Besitzern weitergereicht worden. Zu schwierig, zu dickköpfig, zu erziehungsresistent. Letztlich war er bei einem meiner Freunde abgegeben worden, der aber selbst zwei Hunde hatte, die nicht allzu freundlich auf Bobba reagierten. Und so machte er wie üblich das Beste aus seiner Situation, streunte den ganzen Tag auf den Feldern und Wiesen rund um das Haus umher und freundete sich mit einer Herde Schafe an. Dort verbrachte er seine Tage, hielt die Nase in die Sonne und wälzte sich mit großer Wonne in den Fäkalien seiner neuen Wahlfamilie: »Hey, schnuppert mal – ich bin einer von euch!«

Da sich die Situation zwischen den drei Hunden jedoch immer mehr zuspitzte, fragte mich mein Freund eines Tages in der typisch wortgewandten Art, die Zugezogene so an den Westfalen schätzen: »Willste 'nen Hund?«

Und ich hörte mich selbst antworten: »Warum nicht?«

Damit war das umfassend geklärt, und mein Freund brachte ihn noch am selben Tag vorbei. Ungeduldig wartete ich draußen auf der Straße. Der Hund sprang aus dem Auto, rannte in meine Arme, und auf der Stelle waren wir die besten Freunde. Tim und Struppi, Jeff und Lassie,

Charlie Brown und Snoopy, Han Solo und Chewbacca* – alles kein Vergleich zu uns zweien! Er war einfach perfekt, und es schien mir, als wäre er schon immer mein Hund gewesen. Da war nichts, was ich infrage stellen musste. Von diesem Moment an würden wir für immer zusammen sein und gemeinsam lachend über Blumenwiesen rennen. (Zeitlupe und Weichzeichner müssen Sie sich hier einfach dazudenken.)
Allerdings muss ich zugeben, dass mich sein Geruch aus den Latschen haute. Seine Vorliebe für die Ausscheidungen von Wiederkäuern war ihm überdeutlich anzumerken. Wenn es den sprichwörtlichen Höllenhund tatsächlich gibt, bin ich sicher, dass er genau so riecht und den in der Unterwelt ankommenden Seelen schon mal einen kleinen Eindruck dessen vermittelt, was nun für den Rest der Ewigkeit auf sie zukommt.
Bobbas Fell war verdreckt und mit einem grünlich braunen Matsch verklebt, dessen Herkunft mir schnell klar wurde und bei mir einen unstillbaren Drang nach Wasser und Seife – jede Menge Seife! – auslöste. Aber wie er da so saß, ganz ungeniert und vor sich hin stinkend, erteilte er mir gleich meine erste Gratislektion: »Willkommen in der Realität! So ist es hier. Was für dich stinkt, riecht für mich toll. Es ist so, wie es ist. Mach dir nicht in den Frack!«

---

* Liebe »Star-Wars«-Nerds: Ich bin einer von euch, und ich weiß sehr wohl, dass Chewbacca kein Hund ist. Aber er ist haarig, gibt komische Geräusche von sich und ist eine treue Seele. Für mich reicht das aus, um ihn in die Kategorie »Hund« einzuordnen. Ich verstehe das als Auszeichnung, nicht als Diffamierung!

Zu dieser Zeit studierte ich noch Philosophie, und ein Großteil meines Lebens fand ausschließlich im Kopf statt. Descartes hatte mich voll im Griff: »Ich mache mir den ganzen Tag Gedanken über irrelevanten Blödsinn, also bin ich.«
Vom ersten Augenblick an lehrte mich dieser wunderbare Hund, dass das Leben aber keineswegs im Kopf stattfindet, sondern genau hier und jetzt, direkt vor unseren Augen. »Da bin ich. Mach was draus!«
So unglaublich es klingen mag: Rückblickend kann ich sagen, dass mich ein nach Schafscheiße riechender Hund davor bewahrt hat, mich in den Untiefen einer lebensunfähigen Philosophie zu verlieren, und mich wieder dazu brachte, Kontakt zur richtigen Welt aufzunehmen.

Da stand ich nun mit meinem neuen vierbeinigen Freund auf der Straße. Ich hatte weder Halsband noch Leine und auch nicht die geringste Ahnung von Hundeerziehung. Noch dazu kam – das wurde mir in diesem Moment siedend heiß klar –, dass ich meiner damaligen Partnerin, mit der ich zusammenwohnte, im Überschwang meiner Vorfreude auf einen Hund keinen Ton davon erzählt hatte, dass wir nun bald zu dritt sein würden. Dementsprechend unterkühlt fiel die Begrüßung aus, als ich mit Bobba die Wohnung betrat und sich sein recht aufdringliches Eau de Toilette in der Wohnung verbreitete. Unsere darauf folgende Diskussion gipfelte in ihrem Satz: »Entweder der Hund geht oder ich!« Tja, das hätte ich an ihrer Stelle nicht gesagt ... Schließlich hatte ich mir schon immer einen Hund gewünscht – und einen besseren als diesen gab es doch wohl kaum!
Aber bevor die ganze Situation eskalieren konnte, nahm Bobba das Ruder in die Hand. Er setzte sich vor meine Partnerin und schaute

sie an. Minutenlang dieser Hundeblick, der mitten ins Herz trifft. Jeder Hund scheint diesen Blick im Welpenalter von weisen Hunde-Ältesten beigebracht zu bekommen: »Wenn gar nichts mehr geht – probier das!«

Nachdem sich die Situation etwas beruhigt hatte, zündete Bobba die zweite Niedlichkeitsstufe und legte ganz vorsichtig seine Pfote auf das Knie meiner Freundin. Dazu der Blick. Mal eine Augenbraue bewegen, mal die andere.

Eine Stunde später war klar, dass sowohl Hund als auch Freundin bleiben würden. Und nachdem das geklärt war, konzentrierte sich Bobba wieder ganz auf mich. Ich war sein Kumpel, seine Bezugsperson, sein tölpelhafter Lehrling – und bis zum Ende seiner Tage wich er mir nicht mehr von der Seite.

Im Nachhinein kommt es mir vor, als hätte mich dieser Hund durch seine schlichte Präsenz in die Welt hineingezogen, aus der ich mich schon lange verabschiedet hatte. Damals hatte ich begonnen, mich für den Buddhismus zu interessieren – unzufrieden mit der Weltfremdheit der modernen westlichen Philosophie und gelangweilt von Professor Hastig & Co., war ich auf der Suche nach einer Alternative. Doch ich war ein Gewohnheitstier und näherte mich diesen asiatischen Lehren mit der gleichen Kopflastigkeit, mit der ich auch den Rest meiner Studien betrieb. Und stand nicht im Dhammapada, dass wir sind, was wir denken? »Alles, was wir sind, entsteht mit unseren Gedanken. Mit unseren Gedanken erschaffen wir die Welt.«[2]

Und sagte der Buddha nicht auch ständig, dass die Welt Illusion sei?

Bobba konnte kein Pali, sodass er mir hätte erklären können, dass die gängige Übersetzung des Dhammapada völlig missverständlich sei, da der ursprüngliche Übersetzer Thomas Byrom eher dem Hinduismus als dem Buddhismus zugetan war und seine Interpretation des Textes von einer hinduistischen Gedankenwelt inspiriert war. Er konnte mir nicht erklären, dass der Originaltext des Dhammapada mit »Alles, was wir sind« und »Die Welt« lediglich mentale Zustände meinte und nur darauf hindeutete, dass unser Geist und unsere Gedanken einen immensen Einfluss auf unsere Befindlichkeit haben.[3]

Aber große Lehrer erklären auch nichts, sie vermitteln ihre Weisheit vielmehr durch ihr bloßes Sein, dem man – wenn man viel Glück hat – beiwohnen kann. Durch Bobbas ganze Art, sich den Umständen seines Lebens mühelos anzupassen, ohne dass er sich darüber irgendwelche scheinbar tiefgründigen Gedanken machte, wurden mir Dinge klar, die ich erst jetzt – Jahre später – formulieren kann.

Dieser Hund war einfach da. Er war in höchstem Maße präsent und füllte den Platz, den er in der Welt einnahm, mit völliger Selbstverständlichkeit aus. Über die Idee, dass man die eigene Welt kraft seiner Gedanken erschaffe, sie also keine in sich existierende Realität habe, hätte er nur gekichert und sich noch ein getrocknetes Schweineohr gegönnt. Und ebenso hielt es der Buddha – auch wenn er wahrscheinlich auf das Schweineohr verzichtet hätte …

Buddha hat keine ontologischen Aussagen getroffen, sondern lediglich solche psychologischer Art. Wenn er von Illusion spricht, dann meint er nicht, dass die Welt keine Realität besitze, sondern dass unsere Wahrnehmung von ihr verzerrt und in diesem – und nur in diesem – Sinne illusionär sei.

Nun, ich kann Ihnen versichern, dass eine nach Schafscheiße riechende Wohnung etwas sehr Reales hat. Meine Reaktion darauf war allerdings von Illusion geprägt. Mein Urteil, dass es furchtbar stinkt und ich dringend Teppiche und Tapeten erneuern müsse, war eindeutig meiner Abneigung gegen intensive Gerüche zuzuschreiben.

Bobba war da weiser und lebte jenseits der Illusion. Für ihn war der Geruch einfach eine praktische Notwendigkeit gewesen, um seine Schafkumpels nicht allzu sehr mit seiner Anwesenheit zu verwirren. Nicht mehr und nicht weniger. Kein Urteil, kein Problem.

Denselben Gleichmut bewies er übrigens auch, als ich ihn am nächsten Tag viermal badete, was er klaglos über sich ergehen ließ. »Manchmal stinkt man, manchmal wird man gebadet. Augenblick reiht sich an Augenblick, immer wieder neu. Mal wirft jemand einen Ball, mal nicht. Mal geht man in der Sonne spazieren, mal regnet es, und man wird nass. So ist es eben im Leben. Wer in einer Welt der Veränderung darauf beharrt, dass die Dinge stets gleich bleiben sollen, wird unnötig leiden.« Das sagte er nicht, aber ich konnte es deutlich in seinen braunen Augen ablesen. Und ich konnte diese Lehre gleich in die Praxis umsetzen, als er sich schüttelte und mein Badezimmer in ein grünbraunes Jackson-Pollock-Gemälde verwandelte. Nichts bleibt so, wie es in diesem Moment ist – das ist die Realität. Und die ist keineswegs illusionär.

Von diesem Tag an war ich ein echter Schüler des Buddha, allerdings ohne dass mir das gleich bewusst war. Irgendjemand musste mich Trottel ja auf das Offensichtliche stoßen. Und Bobba tat das stets mit einer Nonchalance und Beiläufigkeit, die ihresgleichen suchte. Alles, was er mir beibrachte, geschah ganz nebenbei. Zwischen Spielen, Schlafen und Fressen blieb ihm immer noch genug Zeit, die eine oder andere Lektion in Sachen Lebensweisheit unterzubringen. Wenn er einfach über eine Wiese rannte und sich dabei freute, als sei er von gehbehinderten Postboten mit Rucksäcken voller Kauknochen umgeben, und mich so eine grundlose Lebensfreude lehrte, oder er auf meine nagelneue Hose sabberte, um mir zu zeigen, dass mein Anhaften an materiellen Dingen doch recht bedenklich sei – alles geschah mit Bedacht und mit den allerbesten Absichten. Davon bin ich überzeugt.

Der Meister
und sein Stöckchen

Die einzige Regel heißt: Nimm wahr!
ALAN WATTS

IN DEN ERSTEN TAGEN UND WOCHEN mit Hund gaben die Überraschungsmomente einander die Klinke in die Hand. Bobbas Ankunft war für mich eine willkommene Ausrede, Descartes und Spinoza beiseitezulegen und mich erst einmal um wichtigere Dinge zu kümmern. Der Hund sollte sich schließlich gut einleben, und so war ich die ganze Zeit bei ihm, zeigte ihm den Park, fuhr mit ihm in den Wald, spielte viel mit ihm draußen Ball und setzte dieses Spiel auch oft in der Wohnung fort, was nicht immer gut für das Interieur war. Ich redete mir ein, das für ihn zu machen, aber in Wirklichkeit machte ich das alles für mich selbst. Als guter Zen-Meister unterstützte Bobba mich dabei freudig.

Es war wirklich Zeit für mich, aus dem Kopf in das richtige Leben zu kommen, mich selbst zu spüren und die Welt um mich herum wahrzunehmen. War ich bislang nur ein Gehirn in einer Nährstofflösung gewesen wie Professor Simon aus »Captain Future« oder mir wie die Köpfe in Einmachgläsern bei »Futurama«* vorgekommen, kam ich nun langsam zurück in meinen Körper und in ein unmittelbareres Verhältnis zum Leben. Wenn ich mit Bobba durch den Park getobt war, fühlte ich mich lebendig und geistig wie körperlich anwesend, wenn ich mich dagegen mit der Prädestinationslehre des Augustinus befasste, war mir, als würde mein Gehirn zu einem traurigen Klumpen Gelee werden. Alles zu analysieren, zu sezieren und gedanklich in Kategorien einzuteilen war mir schon seit langer Zeit zur zweiten Natur geworden. Und so war meine Welt eine zersplitterte, jeder Ganzheit beraubte, armselige Konstruktion, in der ich ebenso zersplittert und meiner eigenen Ganzheit ledig agierte.

Taisen Deshimaru sagte ganz richtig: »Die Philosophen werden am Ende manchmal verrückt, weil sie nur die vorderen Bereiche des Gehirns gebrauchen.«[4] Das ist keinesfalls als rein antiintellektuelle Haltung aufzufassen. Jeder Zen-Lehrer misst dem Intellekt großen Wert bei, denn im Alltag benötigen wir ihn, um unsere Geschäfte zu

---

* »Captain Future« ist eine Zeichentrick-Science-Fiction-Serie aus den 1980er-Jahren, zu deren Protagonisten auch Simon Wright gehört, ein todkranker Wissenschaftler, dessen Gehirn in einem fliegenden Behälter untergebracht wurde, um seinem Geist das Überleben zu garantieren. »Futurama« ist eine Zeichentrickserie von den Machern der »Simpsons«, in der viele Prominente aus Politik und Kultur als abgetrennte Köpfe in übergroßen Einmachgläsern eine Rolle spielen.

erledigen. Gleichzeitig ist er sich aber bewusst, dass es neben dem Intellekt noch andere Arten der Erkenntnismöglichkeit gibt. So fährt Deshimaru fort: »Wir können jedoch mit dem Körper denken, Unendliches mit den Gedanken umfassen – nur, man darf keine Kategorien bilden.«[5]

Mit Kategorien reden wir unsere Welt klein und verpassen das Wesentliche. Einer meiner Dozenten hatte mal die Philosophie, die heute in den Universitäten stattfindet, als »europäische Begriffslehre« definiert und uns Studierende davor gewarnt, sie allzu ernst zu nehmen. Je länger ich mich damit befasste, Begriffe zu durchdenken, für mich zu klären und sie vermeintlich sinnvoll einzuteilen, desto weiter entfernte ich mich von der Welt. Erst die Lektüre von Alan Watts öffnete mir die Augen:

> Weil aber Wahrheit lebendig ist, kann man sie nicht festlegen durch irgendetwas Lebloses, nämlich durch einen Begriff, dessen Gültigkeit, wie man meint, zum Teil auf der Tatsache beruht, dass er unveränderlich ist. Denn sobald wir glauben, wir hätten die lebendige Wahrheit in der Hand, ist sie verschwunden. Wahrheit kann ja nicht irgendjemandes Eigentum werden, aus dem einfachen Grunde, weil Wahrheit Leben ist und weil der Glaube eines Einzelnen, er besitze alles Leben, ein offenkundiger Unsinn ist.[6]

Einige Zeit früher, etwa im 7. oder 8. Jahrhundert (niemand weiß das so genau), hatte das schon Hanshan in seinen berühmten *Gedichten vom kalten Berg* formuliert:

> Es gibt zu viele Intellektuelle auf der Welt,
> Die haben ausgiebig studiert und wissen einfach alles.
> Doch kennen sie ihr ursprüngliches Wahres Wesen nicht
> Und wandeln fern, so fern vom WEG.
> Wie eingehend sie auch die Wirklichkeit erklären –
> Was nützen ihnen all die leeren Formeln denn?
> Wenn du ein einziges Mal dein Selbst-Wesen erinnerst,
> Dann tut sich dir die Einsicht eines Buddha auf.[7]

Nun, von der Einsicht eines Buddha war ich noch weit entfernt, aber immerhin hatte ich einen Zen-Meister an meiner Seite, der nicht lockerließ, mich in die Wirklichkeit zu schubsen, und dem dabei jedes Mittel recht war. Zum einen war er mir in diesen ersten Wochen ständig körperlich nah. Vielleicht hatte er Sorge, auch aus diesem neuen Zuhause wieder fortzumüssen, vielleicht wollte er mir völlig absichtslos seine Zuneigung zeigen, vielleicht wollte er einfach ganz praktisch darauf hinweisen, dass ich mehr war als nur Denken. *Schmusen statt grübeln* wäre ein guter Titel für eines seiner Zen-Bücher gewesen, die er – aus gutem Grund – nie geschrieben hat.

Jedenfalls klebte er förmlich an mir, wich mir nicht von der Seite, kuschelte sich zu jeder erdenklichen Gelegenheit an mich, legte seinen Kopf auf meinen Schoß oder an meine Schulter und gab mir ungefragt das eine oder andere Küsschen mit seiner erstaunlich flinken Zunge, was ich nicht sonderlich angenehm fand.

Wenn ich morgens noch liegen blieb, nachdem meine Partnerin sich auf den Weg zu ihrer wissenschaftlichen Hilfskraftstelle in der Psychologie-Fakultät aufgemacht hatte, wachte ich irgendwann von einem seltsamen, an die Nordsee erinnernden Geruch auf. Und wenn ich dann die Augen öffnete, lag neben mir auf dem Kopfkissen ein grinsendes Hundegesicht, das mich voller Freude über mein Aufwachen und das zu erwartende baldige Ballspielen mit seinem Seelachsatem von letzter Woche anhechelte. So musste sich wohl Käpt'n Iglos Ehefrau jeden Morgen fühlen!

Ich brauchte eine Weile, ihm abzugewöhnen, dass er sich ins Bett legte. Ehrlich gesagt hörte das erst komplett auf, nachdem ich meinen Futon ausgemistet und mir ein »richtiges« Bett gekauft hatte. Offenbar war bei der Matte, die einfach auf der Erde lag, für ihn kein großer Unterschied zu seinem eigenen Deckenlager zu bemerken gewesen. Ich denke, das sollte man einem Hund verzeihen … Der Kleine wollte doch bloß kuscheln!

Wie ich bereits sagte, war Bobba jedes Mittel recht, mich auf die Dimensionen der Realität aufmerksam zu machen, die jenseits meines Verstandes existierten. Und da der Meister, wenn er chronisch unverständige Schüler hat, auch strengere Saiten aufziehen muss, kam ich in den zweifelhaften Genuss der wirklich harten Schule.

Wie jeder alte Meister des Tao oder des Zen hatte auch Bobba eine Vorliebe für Stöcke. Allerdings war er hierin seinen Kollegen aus vergangenen Tagen noch weit überlegen. Zählten diese einen Stock zu ihren bescheidenen Besitztümern, so verzichtete Bobba gleich ganz auf Besitz und suchte sich jeden Tag einen neuen perfekten Stock, dem er aber auch keine Träne nachweinte, wenn er ihn aus dem Park nach Hause schleppte und ich ihm dann untersagte, ihn mit in die Wohnung zu nehmen. Sie finden das herzlos, einem Hund nicht sein Spielzeug zu gönnen? Vielleicht sollte ich erwähnen, dass Bobba im eigentlichen Sinn keine Stöcke oder gar Stöckchen suchte, sondern eher auf meterlange Äste oder kleinere Bäume im Ganzen abfuhr. Riesige Knüppel, entwurzelte Eschen von zwei oder drei Metern Länge oder auch vom Sturm heruntergewehte Eichenäste, die aussahen wie eine bemooste

Anakonda – solche »Stöckchen« hatten es ihm angetan. Manchmal waren die Dinger so groß und schwer, dass er sie nur bewegen konnte, wenn er sie packte und dann fast explosiv nach hinten ruckte. Diese Fortbewegungsmethode kostete natürlich viel Zeit – immerhin kam er bei jedem Rückwärtssprung nur etwa vierzig oder fünfzig Zentimeter weit –, aber er gab niemals auf, außer ich lenkte ihn mit einem kleinen Imbiss ab.

Es kam nicht selten vor, dass ich ihn, wenn er einen halben Baum im Maul herumtrug, vom Weg auf die Wiese locken musste, damit er nicht Spaziergängern die Schienbeine zertrümmerte oder Fahrradfahrer zu wilden Ausweichmanövern zwang. Unermüdlich schleppte er diese mehr als unhandlichen Dinger mit sich herum, zerrte sie den ganzen Weg durch den Park hinter sich her. Eine kräftigere Nackenmuskulatur wird wohl kaum ein Zen-Meister je gehabt haben …

Wenn er dann mal ein etwas kleineres Kaliber erwischt hatte, machte es ihm einen höllischen Spaß, mit mir darum zu kämpfen. Er an einem Ende, ich am anderen, zogen und zerrten wir, und ich musste immer wieder staunen, wie viel Kraft so ein Hund haben kann. Er stemmte seine Beine in die Grasnarbe, ruckte immer wieder mit aller Gewalt an dem Ast und legte wahrlich alles in den Wettkampf, was ihm zur Verfügung stand. Leben im Augenblick in Perfektion. Wenn er diesen hölzernen Brocken dann für sich gewinnen konnte, weil ich irgendwann losließ, schüttelte er seine »Beute« zu Tode, krachte den Ast zigmal auf die Erde, bis sich auch ja nichts mehr rührte.

Hätte ich damals die überlieferten Zen-Anekdoten aufmerksamer gelesen, hätte ich gewusst, dass man sich als Schüler vor dem Stock des

Meisters in Acht nehmen sollte. Doch so latschte ich eines Tages einfach auf ihn zu, während er einen dieser Knüppel in der Mache hatte, um mit ihm wie üblich darum zu kämpfen. Ich hatte den ganzen Vormittag über meinen Büchern gebrütet, hatte mir viele Gedanken gemacht, die zu nichts geführt hatten und es wohl auch nie würden. So war ich mental ziemlich matt und fühlte mich, als wäre ich in einer Art Denkblase gefangen. Ein bisschen Raufen mit dem Hund war jetzt genau das Richtige!

Als ich mich gerade bückte, um den Ast zu greifen, entschloss Bobba sich jedoch dazu, diesem hölzernen Feind erst einmal den Garaus zu machen – vielleicht war dieser Ast ein noch unverschämterer oder gefährlicherer Flegel als seine sonst so herumliegenden Genossen, ich weiß es nicht. Mit einer abrupten Bewegung schüttelte Bobba seinen Kopf hin und her, wobei er mir das Ende, das er nicht im Maul hatte, genau auf die Schläfe drosch. Ich muss sagen, so ein anderthalb Meter langer und etwa fünf Zentimeter dicker Ast entwickelt, wenn er von einem kräftigen Hund geschüttelt wird, eine gehörige Fliehkraft. Und wenn einen diese an der richtigen Stelle trifft, gehen auch gern mal die Lichter aus. Auf jeden Fall wurde ich wenige Minuten später mit einem dumpfen Pochen im Kopf wieder wach und lag ausgestreckt auf der Wiese, das Gesicht im Gras vergraben.

Bobba stand neben mir und grinste mich glücklich an: »Okay, ausgeruht? Kann's weitergehen?«

Ich stemmte mich hoch, blieb aber vorsichtshalber auf der Erde sitzen. Mein Schädel brummte, und ich tastete ihn vorsichtig ab – hatte schon Bilder von zombieartigen Wunden vor meinem inneren Auge. Doch zu meiner Überraschung war das Ganze offenbar unblutig ausgegangen. Ich schaute mich um und wunderte mich über die Spaziergänger, die es anscheinend als ganz normal empfunden hatten, dass jemand einfach auf der Wiese umfällt und mit dem Gesicht im Gras liegen bleibt. Hinterher wurde mir klar, dass diese Gleichgültigkeit mit einem bestimmten Umstand des Parks zu tun hatte, aber dazu später mehr …

Ich stand also etwas wackelig auf, um mich um meinen vor Energie platzenden Hund zu kümmern, der aber immerhin so viel Anstand hatte, auf weitere Stockspiele zu verzichten, und stattdessen auf den Quietschball zurückgriff. Wir spielten noch eine ganze Weile, da Bobba von seinem Ball einfach nicht genug bekommen konnte. Es wurde trotz des kleinen Zwischenfalls noch ein schöner Nachmittag, und als wir dann nach Hause schlurften, weil uns beiden der Magen knurrte, lief der Hund ganz nah neben mir her und schaute immer wieder zu mir auf, als wolle er sich vergewissern, dass alles in Ordnung sei.

»War doch nicht schlimm, so eine kleine Pause vom Denken, oder?«

Ich kam mir vor wie einer der Novizen in den alten Zen-Geschichten, die mit ihren verkopften Fragen und ihrem Drang, alles ganz genau verstehen zu wollen, den Meister nahezu angebettelt hatten, ihnen eins überzuziehen. Diese Geschichten gab es zuhauf, und gerade in diesem Moment fielen sie mir wieder ein. Offenbar hatte es schon früher Schüler gegeben, die es einfach nicht lassen konnten, das Tao oder das Wesen des Zen mit dem Verstand ergreifen zu wollen.

Ich rieb mir den immer noch schmerzenden Kopf und musste unwillkürlich lachen. Vielleicht sollte ich beginnen, Zen-Gedichte zu schreiben. Etwas wie:

> Denken kreist von ganz allein
> Sieht Buchstaben und kein Gras
> Mein Hund schlägt mich im Park k. o.

Na ja, daran sollte ich wohl noch etwas arbeiten. Aber die Richtung wurde mir an diesem Nachmittag klar: weniger denken, mehr tun. Oder wie Taisen Deshimaru es so schön auf den Punkt bringt: »Man braucht nicht nur Spiritualität und Fantasie, sondern auch Praxis.«[8]
Bislang hatte ich viel gelesen und gelegentlich meditiert. Vielleicht war es an der Zeit, dieses Verhältnis umzudrehen und ganz einfach praktischer an die Sache heranzugehen. In guten Momenten meines Denkens fiel mir ja immer selbst auf, dass die Fragen, die ich hatte, im Grunde genommen nicht lösbar waren, und dass jede Antwort, die es auf sie gab, sich auch nur irgendjemand ausgedacht hatte.
Warum also nicht alle metaphysischen Fragen außer Acht lassen und still sein? Wenn alle diese Fragen ohnehin nur durch Glaubenssätze beantwortet wurden, ich mit Glauben aber so viel anfangen konnte wie Bobba mit einem vegetarischen Kochbuch, sollte ich vielleicht gleich alle Fragen und Antworten vergessen und stattdessen einfach sitzen, wie es die Zen-Meister empfehlen.
Woher komme ich? Wohin gehe ich? Warum bin ich hier?
Für Bobba und alle anderen Zen-Meister gab es darauf nur eine Antwort: »Keine Ahnung, aber zumindest bist du jetzt hier! Und nun iss deinen Eberziemer, und sei still!«
Ich vermute, diese Weigerung, in abstrakte Gefilde abzudriften und sich Gedanken über Dinge zu machen, die man nicht wirklich erfassen oder gar beurteilen kann, ist der Grund für viele der abstrusen Aussagen, die

von manchen Zen-Meistern überliefert sind. Statt auf die wissbegierigen Fragen ihrer Schüler etwas zu sagen, was letztlich nur Spekulation ist und unweigerlich zu weiteren Spekulationen führt, antworteten viele Zen-Lehrer in scheinbar völlig sinnentleerten Phrasen. Ein Meister dieser Kunst war sicherlich Joshu Jushin, der von 788 bis 897 lebte und von dem eine Vielzahl von Anekdoten und Aphorismen überliefert ist, von denen man die meisten mit einem »normal« arbeitenden Verstand nicht verstehen kann. Je nach eigenem Geisteszustand ist es eine äußerst frustrierende oder aber recht amüsante und entspannende Erfahrung, sich mit seinen Worten zu beschäftigen. Ein Beispiel gefällig?

> *Jemand fragte: »Was ist die Bedeutung von:*
> *›Unser Gründer kam aus dem Westen‹?«*
> *Joshu erwiderte: »Moos wächst auf den eigenen Vorderzähnen.«*[9]

Verblüffend brillant, oder? Manchmal gab Joshu auf die gleiche Frage auch eine andere Antwort, etwa: »Die Eiche im Vorhof.«[10] Oder: »Eine Kuh ist aus ihrem Stall ausgebrochen.«[11] Aber auch das bringt den Verstand nicht unbedingt weiter. Und genau darum geht es!

Wenn Meister Joshu in manchen – oder sagen wir ruhig: den meisten – Situationen wie ein Irrer wirkt, dann deshalb, weil er erkannt hat, dass das Kreisen unseres Verstandes nicht aufhört, wenn wir vermeintliche Antworten bekommen. Ganz im Gegenteil, es geht immer weiter. Aus diesem Grund sind seine Antworten so weit jenseits unseres Denkapparats angesiedelt. Im richtigen Moment solch eine Antwort, und unser Denken ist so verwirrt, dass es für einen kurzen Moment aufhört.

In diesem Augenblick hat die Wirklichkeit die Chance, Eingang in uns zu finden. Die Welt zeigt sich unmittelbar, weil ihr unser Denken nicht mehr im Weg steht. Plötzlich ist dort kein Bedarf mehr nach These, Antithese und im besten Falle Synthese, sondern da ist nur noch die Eiche im Vorhof (oder auch das Moos auf den eigenen Vorderzähnen, wenn man schon sehr lange auf grundlegende Hygienemaßnahmen verzichtet hat und sich gern längere Zeit unbeweglich im Wald aufhält). Joshus Nicht-Antworten ziehen den Schleier vor unseren Augen fort und offenbaren uns eine Welt, die nicht durch unser Denken, unsere bestehenden Konzepte und Erwartungen gefiltert wird. »Still jetzt! Schau: eine Eiche, wunderbar! Sieh dort: die Kuh! Und putz dir mal die Zähne!«

Wie Joshu nur scheinbar völlig verrückt war, war mein Meister nur scheinbar ein brutaler Schuft. Vielleicht hätte ich mir als Joshus Schüler auch weiterhin Gedanken über das Moos auf den Zähnen gemacht (das fasziniert mich wirklich!) und gar nicht gemerkt, dass diese Aussage mein Denken zerbrechen soll. Also gab es für Bobba eigentlich nur diese eine radikale Möglichkeit: zu viel Denken – Schlag auf den Kopf! Peng! Und danach kein Vortrag, sondern weiterspielen, hier und jetzt. Ich hätte keinen besseren Meister treffen können – und von nun an setzte ich mich jeden Tag auf mein Kissen, zog den Kopf aus den Wolken und kam wieder auf der Erde an.

Die Dinge einfach tun –
die Dinge einfach sein lassen

Die beste Art zu üben ist, sich selbst zu vergessen.

TAIZEN MAEZUMI

HOCHMOTIVIERT VON MEINEM SCHLAG auf den Kopf, begann ich sofort große Pläne für meine Meditationspraxis zu schmieden. Jetzt wollte ich nichts mehr dem Zufall überlassen und die Sache stattdessen knallhart angehen. Jeden Morgen und Abend 45 Minuten Sitzmeditation sollten doch wohl drin sein. Zusätzlich hatte ich mir vorgenommen, ab nun jeden Tag zu joggen und dabei zwei Fliegen mit einer Klappe zu schlagen: Ausgleich für meinen Körper und Verstand sowie Bewegung für den Hund. Und wie das klappte! Großartig! Ungefähr vier oder fünf Tage lang war es das reinste Vergnügen, bevor die Sache anfing, eher mühsam und zäh zu werden. Himmel, war das langweilig, anderthalb Stunden am Tag einfach nur dazusitzen und

nichts zu tun. Fiel mir die Konzentration auf meinen Atem anfangs leicht, wurde es schnell klar, dass jede Meditationssitzung sich ihre eigenen Zeitfenster schaffte, in denen ich fröhlich vor mich hin träumte, an die Einkaufsliste für den heutigen Tag dachte oder mir brisante Fragen stellte wie »Sitze ich gerade genug? Oder vielleicht zu gerade?«, »Ob das gut für die Knie ist, die ganze Zeit so unbeweglich herumzuhocken?« oder »Gibt es den Teppichboden eigentlich auch in schön?« ...
Das Joggen hingegen funktionierte ziemlich gut. Zumindest im Wald. Bobba sprang neben mir her, rannte voraus, kam wieder zurück und preschte dann wieder vor. Wenn ich fünf Kilometer lief, rannte er mindestens zehn, hatte Großaufträge im Bereich des Erschnüffelns von Eichhörnchenspuren zu erfüllen und flitzte mit großer Begeisterung durch Haufen trockenen Laubes.
Im Park sah die Sache allerdings gänzlich anders aus. Hier ersann er bereits nach kurzer Zeit einen teuflischen Plan, um mich lächerlich zu machen. Übrigens einer von vielen, wenn ich das hier schon mal erwähnen darf!
War er im Wald begeistert vom Laufen, hatte er, sobald er im Park erkannte, dass ich nur in der Runde herumlaufen würde, schnell keine Lust mehr. Statt wie ein ordentlicher treuer Freund mitzulaufen, setzte er sich einfach mitten auf die Wiese und schaute mir versonnen zu, wie ich schwitzend meine Runden drehte. Offenbar fand er die Idee, immer wieder um eine Wiese herumzulaufen, ohne dabei irgendetwas zu spielen, selten dämlich. Und so saß er da und blickte mir nach, während ich alle zehn Meter die Fragen von Spaziergängern wie »Na, hat der Hund heute keine Lust zu laufen?« oder »Der hält wohl nicht viel von Sport, was?« abnicken durfte. Ich versuchte all das zu ignorieren und mich aufs

Laufen zu konzentrieren, aber es nervte schon gewaltig – vor allem das spöttische Grinsen meines Hundes. Ganz besonders nervte mich aber, dass ich ihm eigentlich zustimmen musste. Das Laufen im Park war wirklich stumpfsinnig und alles andere als belebend.

Eines Nachmittags, während ich mal wieder allein meine Runden lief (ich hatte mir das schließlich vorgenommen!), verzog er sich dann in den Schatten eines Baumes nahe des kleinen Baches, der durch den Park floss, und sah mir von dort aus zu. So schleppte ich mich bei jeder Runde an meinem persönlichen vierbeinigen Streckenposten vorbei.

»Hallo, Bob!«
»Hallo, Spinner!«
Er hätte mir ja zumindest mal eine Banane oder einen elektrolytischen Super-Power-Drink reichen können, aber das war wohl zu viel verlangt. Nach der x-ten Runde ließ ich mich auf die Bank neben ihn fallen.
»Was mache ich hier nur?«
»Keine Ahnung. Für mich sieht es aus, als würdest du dich im Kreis drehen …«
Der Hund hatte wirklich Sinn für Humor, wenn sich dieser auch nur in meiner Einbildung verbal äußerte. Hier neben ihm zu sitzen fühlte sich gut an. Einfach da sein, dem Plätschern des Baches lauschen, die letzten Strahlen der Nachmittagssonne auf dem Gesicht spüren. Ich kam langsam wieder zu Atem, mein Herzschlag beruhigte sich, und eine angenehme Schwere machte sich in meinem Körper breit.

Wir saßen eine ganze Weile still da, während das Wasser des Baches floss, die Sonne schien und die Vögel sich um ihren eigenen Kram kümmerten. Ich wurde innerlich so vollkommen still, wurde gänzlich aufgesogen von der Gegenwart all dessen, was mich umgab. Bobba fielen die Augen zu, er schlief einfach ein, weil er müde war. Und da ging es mir plötzlich auf: Hunde leben genau so, wie ich es irgendwo – wahrscheinlich in »Der mit dem Wolf tanzt«, »Bonanza« oder »Unsere kleine Farm« – mal über die Lebensweise der Indianer gehört hatte. Wenn Hunde einfach herumliegen, dann liegen sie einfach herum; wenn sie laufen, dann laufen sie; wenn sie fressen, dann fressen sie; und wenn sie bellen und spielen und toben und ihr Herrchen mit einem überdimensionierten Stock niederschlagen, dann tun sie genau das. Sie sind die absolute Achtsamkeit, absolute Präsenz. Es gibt keinerlei Absicht, keinen Plan – und genau deshalb sind sie mittendrin im Tao. Während ich üblicherweise versuchte, »den Bach anzuschieben«, hörte Bobba ihm einfach nur zu, bis ihn das Säuseln des Wassers, das über Kiesel und Erde floss, langsam in den Schlaf lullte. Der Schlaf kam wie das Geräusch des Wassers – auf ganz natürliche Weise. Bobba ging nicht ins Bett, um zu schlafen, so wie wir, die wir glauben, wir müssten zu einer bestimmten Uhrzeit ins Bett gehen, weil wir am nächsten Tag dieses oder jenes zu erledigen haben. Bobba schlief einfach, wenn er müde war. Egal wann, egal wo. Er meditierte, wenn ihm danach war, wenn die Meditation von selbst entstand, weil der Wind gerade so warm war, die Blätter der Bäume sich bewegten oder die Meisen so schön vor sich hin zwitscherten. Dann saß er da, die Augen halbgeschlossen, einfach atmend, einfach anwesend. Er rannte und sprang herum, wenn sein Körper nach Bewegung verlangte, nicht etwa, weil er eine Idee von Fitness hatte oder meinte, einem kleinen Hundebäuchlein vorbeugen zu müssen. Er fasste keinen Vorsatz, machte keine Pläne. Er war einfach, handelte spontan und mit ganzem Herzen. Und deshalb war er der Meister und ich der Schüler. Mit ihm an meiner Seite konnte ich wirklich etwas lernen, wenn ich genau hinschaute, zuhörte und mich mit ihm auf diese Welt einließ, ohne irgendetwas hinterherzurennen und unbedingt erreichen zu wollen.

Joshu fragte (seinen Meister) Nansen: »Der Weg – was ist das?«
Nansen antwortete: »Es ist alltäglicher Geist.«
Joshu fragte: »Danach sollte man also streben?«
Nansen antwortete: »In dem Augenblick,
wo du nach etwas strebst, hast du es bereits verfehlt.«[12]

Bislang war ich immer dem Glauben aufgesessen, man müsse einen Plan im Leben haben – auch wenn all meine hochtrabenden Pläne bis dato nie funktioniert hatten. Erstaunlicherweise geht das wohl nicht nur mir so. Wir erleben, wie unser Plan scheitert, und fassen sofort Plan B ins Auge. Wenn auch das nicht läuft, wie wir es uns vorstellen, arbeiten wir uns langsam, aber stetig durch die anderen Buchstaben des Alphabets oder beginnen, unsere Pläne zu nummerieren – Zahlen sind schließlich unendlich.

Weiser wäre es wohl, innezuhalten und festzustellen, dass Pläne uns nicht weiterbringen und dass es eine Alternative gibt. Diese Alternative heißt LEBEN und ist genau das, worauf sich der frühe Taoismus und das Zen richten.

In diesem Moment am Bach, als Bobba einschlief und sich in mir eine tiefe Stille und Zufriedenheit ausbreitete, wurde mir bewusst, dass nichts in der Natur einen Plan hat. Der Bach fließt einfach und ist dabei ganz er selbst. Der Baum bewegt sich mit dem Wind, tanzt in dem Moment, in dem er die Melodie des Windes vernimmt. Nichts in der Natur handelt in unserem menschlichen Sinne, alles ist eher von Nicht-Tun erfüllt, von *wu wei*, wie es die alten Taoisten nannten. Tschuang-tse, der große Dichter des Tao, der wahrscheinlich von 365 bis 290 vor unserer Zeitrechnung gelebt hat, drückt diese Haltung so aus:

> Der Himmel tut nichts.
> Sein Nicht-Tun ist seine Heiterkeit.
> Die Erde tut nichts.
> Ihr Nicht-Tun ist ihr Friede.
> Dieses doppelte Nicht-Tun

> bringt alle Dinge
> und alle Handlungen hervor.
> Wie groß, wie unsichtbar
> ist dieses Werden und Entstehen!
> Alles kommt aus dem Nirgendwo.
> Wie groß, wie unsichtbar –
> Man kann es nicht erklären!
> Alle vollkommenen Dinge stammen aus dem Nicht-Tun.
> Deshalb heißt es: »Himmel und Erde tun nichts,
> aber es gibt nichts, das sie nicht täten.«
> Welcher Mensch kann sich
> zu diesem Nicht-Handeln entschließen?[13]

Wu wei meint nicht etwa Untätigkeit. Es geht eher darum, der natürlichen Entfaltung des Tao seinen Lauf zu lassen, die Dinge von selbst wachsen und blühen zu lassen, sowohl dem Bach zuzuhören als auch der eigenen inneren Stille und den eigenen natürlichen Bedürfnissen. Eine Parkbank ist daher der ideale Übungsort für *wu wei*. Ich könnte mir wirklich vorstellen, dass die erste Parkbank der Menschheit von einem sehr entspannten Chinesen aufgestellt wurde …

Wie gesagt war Bobba ein Meister darin, diesen eigenen natürlichen Bedürfnissen zu folgen. Für ihn gab es nichts Unnatürliches, nichts Gekünsteltes. Er war immer er selbst, ohne jede Spur von Verstellung. Er verkörperte so sehr das Tao, wie es auch die alten Zen-Meister taten, deren Lebenskunst so stark vom frühen Taoismus beeinflusst war. Er musste sich keine Gedanken um seine natürliche Entfaltung machen, er schlief einfach am Bachufer ein, wachte wieder auf, schaute dem Gras zu, das sich leicht bewegte, und ging seiner Wege. Er entsprach ganz dem, was Meister Joshu unter Natürlichkeit, dem Weg des Zen, dem Leben des Tao verstand.

**Jemand fragte: »Was ist Natürlichkeit?«
Joshu erwiderte: »Das ist schon unnatürlich.«[14]**

Wer wirklich seine Natur lebt und den Weg des Zen oder des Tao geht, muss sich nicht fragen, ob er das tut. Insofern hatte ich noch eine lange Lehrzeit vor mir.
Da fällt mir auf: Der Hund war ja aufgewacht und hatte sich auf den Heimweg gemacht …
»Hallo? Könntest du bitte auf mich warten?«
»Du wirst schon nachkommen, wenn dein Kopf endlich Ruhe gibt.«
So sind sie, die Zen-Meister. Kaum hat man etwas verstanden, stellen sie einen schon wieder als Idioten hin.

In den nächsten Tagen versuchte ich mich zu entspannen und meine Pläne nicht mehr so ernst zu nehmen. Je genauer ich sie betrachtete, desto mehr fiel mir auf, dass sie wohl nur ein verzweifelter Versuch waren, meine generelle innere Rastlosigkeit unter Kontrolle zu bringen und in eine bestimmte Richtung zu lenken. In den Stunden, die ich mit Bobba im Park oder im Wald unterwegs war und beim einfachen Gehen, Atmen und Spielen Ruhe fand, wurde mir jedoch immer klarer, dass es sicher sinnvoller war, die Quelle dieser Unrast zu suchen und zu verstehen. Und paradoxerweise war es genau mein Forschen und Nachdenken, was mich innerlich so unstet machte, dass ich das Gefühl hatte, mir selbst einen Stundenplan fürs Leben verordnen zu müssen. Konnte man damit aufhören? Konnte man einfach loslassen, richtig lange ausatmen, bis der ganze Quatsch entwichen war, und dann freudig im Augenblick leben?

Ich wollte es zumindest probieren und die Welt, mein Leben in ihr und das Sein als solches (wenn es so etwas gab) nicht mehr so festhalten. Mein Gehirn schien mittlerweile zu einer Art menschlicher Parkkralle mutiert zu sein – während ich überall nur von Loslassen las und hörte. Also lockerte ich meinen Griff etwas.

Ich meditierte nur noch morgens nach dem Aufstehen für zwanzig oder auch mal dreißig Minuten. Ich joggte, wann immer ich Lust hatte zu joggen, ohne mich an einen ausgetüftelten Plan eines Spitzensportlers zu halten, der ich ohnehin nie werden würde. Ich machte also weniger, dafür aber mit weitaus mehr Freude. Es war leichtes Laufen, leichtes Meditieren. Je mehr ich mich entspannte und je weniger ich im Hinterkopf hatte, eine bestimmte »Leistung« erbringen zu müssen, desto einfacher wurde alles und lief wie von selbst.

Die Meditation wurde von einem Pflichtprogramm zu einer wahren Wohltat. Statt auf dem Kasernenplatz der angestrebten Erleuchtung befand ich mich plötzlich in der heißen Badewanne des Tao. Das Laufen wurde locker und beschwingt, mein Körper bewegte sich von allein durch den Wald, während der Hund im näheren Umkreis herumflitzte.

Ich versuchte mir insgesamt ein Beispiel an Bobba zu nehmen, der die Welt einfach so hinnahm, wie sie ihm begegnete, und der ganz bestimmt niemals die Idee hatte, etwas tun zu müssen. Leistung erbringen, sich selbst verbessern, näher an die Wirklichkeit kommen – all das war ihm vollkommen fremd! So etwas fiel nur Menschen ein, die sich getrennt vom Leben fühlten und irgendwie versuchten, wieder in eine Einheit zurückzufinden, die ihnen im Laufe ihres Lebens abhandengekommen war. Bobba war hingegen niemals aus dieser Einheit herausgefallen, er war einfach er und mit sich und der Welt zufrieden.

Da sein, Sonne oder Regen auf dem Fell, Wind um die Nase, mit halbgeschlossenen Augen herumliegen oder mit flatternden Ohren durch die Gegend sprinten. Ohne irgendeine Absicht, ohne irgendein Ziel. Er wollte weder die nächsten Agility-Meisterschaften gewinnen noch Kommissar Rex Konkurrenz machen. Er wollte auch nicht so groß werden wie eine Dogge oder so elegant wie ein Saluki. Die Gehorsamsprüfung in der nahen Hundeschule interessierte ihn ebenso wenig wie die Preisschilder an Halsbändern aus Elchleder. Es gab auch keinen »Yorkshireterrier der Weisheit«, dem er hätte nacheifern wollen, und er machte keinerlei Anstalten, den Willen eines imaginären Hundegottes zu deuten und dafür von den anderen Hunden im Park ein Futteropfer zu fordern, obwohl ihm Letzteres wahrscheinlich gefallen hätte.

Außer der Welt, die sich ihm jeden Tag aufs Neue zeigte – mit all ihren Gerüchen, Spuren, Markierungen, frechen Eichhörnchen, seltsamen Katzenwesen, gutem Fressen, einer gemütlichen Schlafdecke und einem dusseligen Herrchen –, gab es für ihn einfach nichts. Nichts zu erstreben, nichts zu erreichen.

Wenn ich sein Leben mit meinem verglich, mir die Unterschiede von Hunde- und Menschenwelt bewusst machte, konnte ich über mich selbst (und den Rest der Menschheit) manchmal nur den Kopf schütteln. Warum kennen Hunde keine Religion, keine Kriege, keine Schönheitsoperationen, keine protzigen Geländewagen und keine peinlichen Motivationstrainer? Weil sie all das nicht nötig haben! So einfach ist das.

Kein Hund der Welt muss Joshu fragen, was Natürlichkeit ist. Hunde müssen keinen Kurs besuchen, um authentisch zu sein, und sich das dann mit einem wertlosen Zertifikat bestätigen lassen. Sie sind das Tao und wissen es nicht, denn wer ganz ist, muss sich um Ganzheit keine Gedanken machen.

Zum Glück war einer dieser vierbeinigen Authentizitätsprofis gewillt, sein Leben bei mir zu verbringen und mir immer wieder den Quietschball des Tao zurückzubringen, mich mit seinem Bellen auf das Lied des Tao aufmerksam zu machen und das Tao in Form von getrockneten Fleischbrocken in der ganzen Küche zu verteilen.

Bodhisattva
mit feuchter Nase

Alle Wesen sind Buddhas von Anbeginn.

HAKUIN

DAS LEBEN MIT BOBBA veränderte mich im Laufe der Zeit grundlegend. Ich war immer mehr der Typ gewesen, der Bücher seine besten Freunde nannte und dem der gängige soziale Kitt wie Smalltalk & Co. nicht so leichtfiel. Schon als Kind zog ich mich zurück, las von Huckleberry Finn und Lederstrumpf, wäre aber nicht im Traum darauf gekommen, selbst nach draußen zu gehen und mit richtigen Freunden auf Bäume zu klettern. Die Berichte aus zweiter Hand genügten mir völlig. Anstatt eine Sommerwiese oder den Wald zu erkunden, lernte ich lieber mit Hilfe eines dicken Buches die lateinischen Namen von Insekten auswendig. Vermutlich war ich der fleischgewordene Albtraum meiner Eltern.

Doch wenn man erst einmal einen Hund hat, muss man auch mit ihm rausgehen. Das war mir schon klar, und ich ließ mich frohen Mutes auf diese neue Erfahrung mit der Außenwelt ein. Womit ich jedoch nicht gerechnet hatte, war die Tatsache, dass der Hund als solcher ein Kommunikationswunder darstellt und wie ein vierbeiniges Freibierschild ständig dafür sorgt, dass man als Halter neue Bekanntschaften schließt. Ob man will oder nicht.

Bobba mochte alles und jeden. Zudem war er zu einer Zeit bei mir, als Hunde noch kontaktfreudig sein durften, ohne dass die Menschen sofort ausflippten, wenn ein nicht angeleinter Hund auf sie zulief. Wie gesagt: Ich hatte keine Leine, und ich sah auch erst einmal keine Veranlassung, mir eine für ihn zuzulegen. Er war der liebste Kerl weit und breit, jeder fand ihn zauberhaft, und im Großen und Ganzen hörte er recht gut.

Im Gegensatz zu mir war er neugierig und legte viel Wert darauf, Kontakt zu den Mitbewohnern seiner kleinen Welt aufzunehmen. Durch ihn lernte ich fast täglich neue Leute kennen. Wie ein Bodhisattva, der das Gelübde geleistet hat, alle Wesen zu befreien, bewegte er sich voller Mitgefühl in der Welt, immer bereit, alle ihm zur Verfügung stehende Niedlichkeit und Kuscheligkeit zum Wohle anderer einzusetzen. Es verging kein Tag, an dem er nicht gerade diejenigen »ansprach«, an denen ich mich am liebsten unauffällig und höchstens mit einem hingenuschelten »Gu'n Tach« vorbeigemogelt hätte. Doch meine Zeit der Einsiedelei war dank Bobba endgültig vorbei.

Wenn er sich mit schief gelegtem Kopf vor irgendwelche Fremden setzte, die es sich auf einer Parkbank gemütlich gemacht hatten, hatte ich immer das Gefühl, er stelle uns vor: »Hallo, ich bin Bobba, und das ist mein Kumpel Dirk. Der hat's nicht so mit Menschen und ist ein bisschen mundfaul, aber wenn du ihm gut zuredest, wird das schon …«

Und das taten die Leute dann meist auch. Ich hatte nie viel für solche Begegnungen übrig, aber Bobba brachte mich immer wieder in Situationen, in denen ich mich notgedrungen über das Wetter, die Spritpreise oder den gerade mal wieder anstehenden Aufstieg oder Abstieg der hiesigen Fußballmannschaft unterhalten musste. Alles Themen, die mich nicht die Bohne interessierten. Dieser Hund war einfach ein Magnet für andere Menschen. Entweder machte er sie ganz bewusst auf sich aufmerksam, indem er sich vor sie setzte, sie minutenlang anstarrte und dabei mit seinen Augenbrauen jonglierte; oder er war einfach ganz versunken in sein Herumschnüffeln oder Spielen, und die Leute sprachen mich auf ihn an.

Schlimm waren für mich Gespräche, in denen ich eigentlich nur als Übersetzer für meinen Hund gebraucht wurde. Wenn ich im Park saß und ein Buch las, während Bobba zu meinen Füßen friedlich schlummerte, kam irgendwann immer jemand, der mit dem Hund sprach, aber dabei die Antworten natürlich von mir erwartete.

»Na, du bist aber ein lieber Hund. Wie heißt du denn?« Erwartungsvoller Blick zu mir.

»Bobba.«

»Ach, Bobba. Das ist aber ein hübscher Name. Wie alt bist du denn? Bestimmt noch jung, oder?« Wieder ein Blick zu mir.

»Zwei.«

»So. Zwei also, hm … Und bist du oft hier im Park?« Ein Schielen zu mir herüber. Seufzen meinerseits und Beiseitelegen meines Buches.

»Ja, wir wohnen hier gleich um die Ecke.«

»Ah, das ist aber praktisch. Habt ihr denn heute auch schon einen schönen Spaziergang gemacht?« Wieder dieser Blick.

»Ja, wir waren schon eine Stunde unterwegs, bevor wir uns hierhingesetzt haben, *um ein Buch zu lesen!*« Wer nach diesem Wink mit dem Zaunpfahl eine entsprechende Reaktion erwartet, kennt den typischen Parkbesucher nicht. Es geht in solchen Fällen einfach weiter, als wäre nichts geschehen: »Na, darfst du denn auch ein Leckerchen haben?« Tellergroß werdende Augen auf mich gerichtet.

»Nein, der beißt!« Endlich Ruhe. Ein tadelnder Blick Bobbas und ein schlechtes Gewissen meinerseits.

Ich brauchte lange, um zu begreifen, dass die meisten Leute, die im Park unterwegs waren, schlicht niemanden hatten, mit dem sie sprechen konnten. Es gab alte einsame Damen, die sich extra Hundeleckerchen besorgten, um sich mit diesen Bestechungsbrocken wenigstens ein klein wenig Zuneigung an ihren immer gleichen Tagen zu erkaufen. Und da Bobba alles fraß, was man ihm vor die Nase hielt – man hätte ihm auch einen Stein oder eine Glasmurmel zuwerfen können –, erfreute er sich großer Beliebtheit.

Wenn man ihm erst mal etwas gegeben hatte, setzte er sich brav auf wie ein Zinnsoldat und grinste einen erwartungsvoll an. Wo ein Leckerchen war, gab es bestimmt noch mehr! Und meist hatte er damit recht. Im Grunde genommen hätte ich gar kein Futter für ihn zu kaufen brauchen. Eine tägliche Runde im Park hätte ihn ebenso gut ernähren können. Der klassische Fall eines wiedergeborenen Bettelmönchs …

Aber letztlich gab er mehr, als er bekam. Wenn er die alten Damen mit seinen braunen Augen fixierte, seinen Kopf in ihre arthritischen Hände schmiegte und begeistert mit dem Schwanz wedelte, schenkte er ihnen etwas, was sie in ihrem Leben schon lange vermissten: pure Freundlichkeit!

Irgendwann merkte auch ich, dass diese praktische Hinwendung zu jedem Menschen, der des Weges kam, mir weitaus mehr über Mitgefühl beibringen konnte als jedes buddhistische Buch, das ich in die Finger bekam.

Mit Bobba an meiner Seite wurde mir jeden Tag die Diskrepanz zwischen Theorie und Praxis bewusster. Während ich die Werke von Shunryu Suzuki, Thich Nhat Hanh, Alan Watts oder Taizen Maezumi über den Buddha las und mir den Kopf zerbrach, welche Auslegung denn wohl die richtige sei und wie ich das Gesagte in meinem eigenen Leben anwenden könne, verkörperte Bobba einfach das Beste dieser Lehren, ohne sich auch nur eine Sekunde lang Gedanken darüber zu machen.

Gleichwohl war ich lernfähig – und so verbrachte ich immer mehr Zeit in Gesprächen, die ich früher als nutzlos und sinnfrei abgetan hatte, die mir jetzt aber zunehmend wichtiger erschienen, wenn ich die Freude in den Augen der alten Menschen sah, nachdem es ihnen gelungen war, mich, vermittelt über meinen vierbeinigen Begleiter, in minutenlange Diskussionen darüber zu verwickeln, dass die Sommer früher ja viel länger und schöner gewesen seien. Ich begriff, dass es absolut nicht um den Inhalt der Gespräche ging, sondern einzig und allein um das Gespräch selbst, den menschlichen Kontakt, die Nähe zu irgendwem.

Wenn die alten Damen sich dann neben mir auf die Bank setzten, kam Bobba zu ihnen und legte ihnen seinen Kopf auf den Schoß, sodass sie ihn während unseres Gesprächs kraulen konnten. Er war völlig offen, machte das auch bei Leuten, die er nie zuvor gesehen hatte – und oft genug hatte ich den Eindruck, er blinzele mir dabei verschwörerisch zu: »Für mich ist das keine große Sache, und sie macht es überglücklich … Kleinigkeiten – die sind es, worum es im Leben geht …«

Wenn ein Bodhisattva jemand ist, der feierlich gelobt hat, alle fühlenden Wesen vom Leiden zu befreien, war Bobba sicher einer der Musterschüler im Nirvana-Ausbildungszentrum.

Und wie gesagt, gerade diejenigen, um die ich einen Bogen zu machen versuchte, hatten es ihm angetan. Bevor ich hier als absoluter Misanthrop erscheine, möchte ich erwähnen, dass ich mein Geld zu dieser Zeit in einer Tankstelle verdiente und mir zwei- oder dreimal in der Woche die ganze Nacht gemeinsam mit Obdachlosen, Alkoholikern, sturzbetrunkenen englischen Soldaten und schlechtgelaunten Frühschichtlern um die Ohren schlug, wobei Letztere immer wahnsinnig witzig waren und die »Bildung und einen Fiffi« bestellten, also das meistverkaufte Propagandablatt Deutschlands und – nein, keinen Hund – einen kleinen Weizenkorn, um die Hände vor der Arbeit ruhig zu bekommen. Mein Bedarf an Verbindungen zur wunderbaren Welt des Alkoholmissbrauchs und bodenlosen Verzweiflung war also mehr als gedeckt. Bobba konnte davon jedoch nicht genug bekommen.

Am Rande des Parks, in dem ich täglich meine Philosophievorlesungen schwänzte, gab es eine kleine Siedlung von einfach konstruierten

Flachbauten sowie ein paar ausgediente Bauwagen, die offenbar Menschen vorbehalten waren, die auf irgendeine Weise durchs soziale Netz gerutscht waren. Da die Leute, die dort wohnten, einen ähnlich gefüllten Terminkalender wie ein scheiternder Philosophiestudent vorweisen konnten, hielten sie sich ebenfalls gern im Park auf, saßen entweder allein und zusammengesunken auf einer Bank oder standen grölend im Rudel herum und frönten ihrer Vorliebe für billiges Dosenbier.

Mittendrin mein Hund. Frei von jeglichen Ressentiments und begeistert aufschauend zu dieser fast Steinbeck'schen Ansammlung trinkfester Gesellen. Wohl oder übel trat ich dann immer hinzu, da der Bieratem seiner neuen Kumpels offensichtlich seine Wahrnehmungsorgane vernebelte und er absolut null reagierte, wenn ich ihn rief. Und zack, war ich in einem Gespräch gefangen, das mit Bemerkungen über meinen tollen Hund anfing und darin endete, die Vorzüge der nicht weit vom Park entfernten Dönerbude zu preisen, wo es nicht nur verdammt große Portionen zerschredderten Hammel gab, sondern auch – ganz genau – billiges Dosenbier.

Was mir aber mit zunehmenden Besuchen in diesem illustren Kreis auffiel, war die Herzlichkeit, mit der Bobba (und auch ich) begrüßt wurden, und die völlig offene und ehrliche Zuneigung, die ihm hier entgegengebracht wurde. Dieser freundliche Hund war ein Lichtblick im eher trostlosen Grau des Alltags – und von der Beschäftigung mit ihm hatte man nicht mal Kopfschmerzen am nächsten Tag. Ein echter Glücksgriff!

Nachdem ich diese Jungs kennengelernt hatte, wunderte ich mich zumindest nicht mehr darüber, dass die Spaziergänger mich nach der Stockattacke Bobbas einfach auf der Wiese liegen gelassen hatten. Sie vermuteten sicher, ich würde mich nur kurz von einer ausgedehnten Bierprobe erholen müssen. Kein Grund zur Sorge also!

Wie bei den alten Damen, die Bobba in meinen Dunstkreis zerrte, ging mir auch bei den Hopfen-und-Malz-Gourmets im Park erst einige Zeit später auf, dass es sich hier im Gegensatz zu den Büchern, mit denen ich mich herumschlug, um das echte Leben handelte. Das echte Leben, das es wert ist, angesehen zu werden, und das einem viel mehr beibringen kann als theoretische Erörterungen über Ontologie, Metaphysik und Diskursanalyse oder auch die zwölf buddhistischen Glieder des Entstehens in gegenseitiger Abhängigkeit, wobei Letztere im Gegensatz zur akademischen Philosophie immerhin noch auf das echte Leben verwiesen.

Bobba veränderte meinen Blick auf die Welt und auf die Menschen. War ich bei meinem Nebenjob bislang oft genervt von meinen trunkenen Kunden gewesen, erlebte ich sie nun dank Bobba – der übrigens jede Nachtschicht mit mir in der Tankstelle verlebte – als Aufforderungen, hier zu sein, mich auf das Leben einzulassen. Manch einen Rausch verstand ich als Kapitulation vor der alles überwältigenden Zärtlichkeit des Seins, als Schutz vor dem Berührtwerden. Ich las nachts hinter meinem Schalter die Gedichte Ryokans, der seinerseits dem Sake sehr zugetan war, sich aber von dieser Vorliebe nicht davon abhalten ließ, einige der schönsten Zeilen zu schreiben, die die Unmittelbarkeit des Zen auszudrücken vermögen.
Bobba freute sich über jeden Kunden, und jeder Kunde freute sich über Bobba. Die Nacht spülte einen nach dem anderen in diese kleine

leuchtende und nach Benzin und Bier riechende Insel, und Bobba hatte für jeden einen freundlichen Blick übrig. Sie bückten sich, um seinen Kopf zu tätscheln, oder knieten sich gleich neben ihn, um ihm die Streicheleinheiten zu geben, die sie selbst wohl viel zu selten in ihrem Leben bekommen hatten. So angekommen, begannen sie dann oft zu erzählen – teilweise wilde Lügengeschichten, doch dann auch so ehrliche Worte, wie man sie in unserer auf Leistung und Erfolg gedrillten Gesellschaft nur selten hört.

Ich bediente Menschen, denen die Hände so sehr zitterten, dass sie mir einfach ihr Portemonnaie gaben und ich mir das Geld selbst herausnehmen sollte. Dabei fiel mein Blick auf vergilbte Fotos von Frauen und Kindern, denen dieser Mensch, der vor mir stand und schwankte, schon lange nicht mehr begegnet war. Arbeitslosigkeit, Scheidung, Flucht in den Alkohol – nicht immer unbedingt in dieser Reihenfolge – waren die typischen Zutaten zu den Geschichten, die ich mithörte, während sie meinem Hund erzählt wurden.

Ich lernte eine Dame im fortgeschrittenen Alter kennen, die seit vierzig Jahren auf den Straßenstrich ging, der der Schmerz ins Gesicht geschrieben stand und die dennoch immer eine freundliche Bemerkung über Bobba machen konnte und sich stets freute, ihn zu sehen. Dieser Blick aus seinen braunen und vertrauensvollen Augen öffnete die Menschen – und ihre Offenheit öffnete mich. War ich früher eher angespannt gewesen, wenn eine torkelnde Gestalt die Tankstelle betrat, war ich jetzt viel lockerer, sah den Menschen und nicht eine Störung meiner Ruhe. Ich hörte zu und war wirklich anwesend.

Ryokan schrieb irgendwann zu Beginn des 19. Jahrhunderts:

> Wenn ich
> An die Leiden der Wesen
> In dieser Welt denke,
> So wird ihre Traurigkeit
> Zu meiner.
> Oh wäre meine Mönchsrobe
> Weit genug,
> All die leidenden Menschen
> In dieser fließenden Welt
> Zu bergen …[15]

Seit Ryokans Zeiten hatte sich wohl nicht wirklich viel verändert, und ich konnte gut verstehen, was er fühlte, als er dieses Gedicht schrieb. Zumindest hatte ich Bobba, der den Menschen konkret etwas anbieten konnte, was sie aufbaute.

Zu mir kamen nachts die ganz harten Fälle, die sich woanders schon nicht mehr blicken lassen konnten. Einer der erstaunlichsten Menschen, denen ich jemals begegnete, kam ungefähr zwei- oder dreimal im Monat vorbei und hatte wohl in der Vergangenheit einen Pakt mit dem Teufel geschlossen: »Wenn ich mich sieben Jahre nicht wasche, wiegst du mich in Gold auf« oder so ähnlich. Haben Sie schon einmal einen Vogel gesehen, der bei einer Ölpest am Strand liegt und dessen Gefieder zu einer einzigen schwarzen Masse verklebt ist? Genau so sah dieser Typ auf dem Kopf aus. Und das ist weder ein makabrer Scherz noch übertrieben! Er stank so sehr, dass ich ihn auch beim größten Wohlwollen nur draußen bedienen konnte, worauf er sich einließ, ohne zu murren. Überhaupt war er eigentlich ein ziemlich netter Kerl, nur

dass er eben aussah, als wäre er gerade zuvor in eine Sickergrube gefallen. Er wartete artig draußen mit Bobba, während ich ihm seine Cola (er kaufte nie etwas anderes) und sein Wechselgeld holte. Ich habe mich leider nie getraut zu fragen, was denn mit ihm los sei. Die Idee mit dem Teufelspakt hatte sich in meinen Gehirnwindungen festgesetzt, und ich hatte wohl doch Angst, mit einem eingeritzten Drudenfuß auf meinem geschändeten Körper zu enden.
Bobba fand ihn einfach interessant. Er bewertete keine Gerüche, sondern nahm sie einfach wahr. Aber wer sich selbst voller Wonne in Schafscheiße wälzt, hat wohl ohnehin eine andere Vorstellung von der Aussage: »Ich kann dich gut riechen!«

Jedenfalls machten all diese Menschen in meiner Nachtschicht die Erfahrung, dass es jemanden gab, der sie einfach so, ohne Wenn und Aber, annahm und sie akzeptierte, wie sie waren – mit all ihren inneren Narben, ihrem teils seltsamen Verhalten, ihrer Sucht und ihrem Gestank. Dass dieser vierbeinige Jemand ein leibhaftiger Bodhisattva war, ahnte wohl nur ich, der mehr als jeder andere von seinem Beispiel profitierte. Ich beobachtete ihn und lernte viel über die Schönheit der Unvollkommenheit, die sich in jedem Moment offenbart, über die Menschlichkeit, die hinter vielen Masken verborgen auftauchte, und über die Nähe, die Menschen beziehungsweise Hunde und Menschen zueinander haben können.

Einer meiner damaligen Philosophiedozenten, mit dem ich mich sehr gut verstand, verbrachte einige Nächte mit mir beim Kartenspiel in der Tankstelle und war von der Welt, die ihm dort begegnete, überrascht und auf seltsame Weise fasziniert. Ich glaube, dass er einer der wenigen war, die gut verstehen konnten, warum ich das Studium irgendwann an den Nagel hängte. Wenn der Job als Bier- und Benzin-Dealer an sich auch alles andere als erfüllend war, lernte ich in diesen langen Nächten mit der Hilfe Bobbas weit mehr über das Leben als in meinen Vorlesungen.

Dieser Hund war ein lebendiges Beispiel bedingungsloser Liebe und machte mich auf gewisse Weise zu einem besseren Mann. Ich hörte achtsamer zu, ließ mich mehr auf Geschichten ein und versuchte immer den Blick auf den Menschen hinter der Erscheinung und dem unter Umständen gewöhnungsbedürftigen Habitus zu richten. Ich wollte so offen sein wie Bobba. Und wenn mir das auch nicht immer gelang, kann ich doch sagen, dass ich Fortschritte machte, wobei ich nicht verschweigen möchte, dass sich diese Fortschritte im Umgang mit dem richtigen Leben analog zum Rückgang meiner Stunden in der Uni entwickelten.

Witzigerweise erhielt Bobba genau in dieser Zeit seine Sondergenehmigung für die Universität.

Ich hatte ja bereits erwähnt, dass meine damalige Partnerin eine wissenschaftliche Hilfskraftstelle in der Psychologie-Fakultät hatte. In dieser Funktion beschäftigte sie sich zusammen mit ihrer Professorin hauptsächlich mit Angstpatienten und hier vor allem mit Kindern. Diese Kinder hatten die seltsamsten Zwangsvorstellungen und Ängste. Einige fürchteten sich vor Insekten, andere hatten Angst davor, Rasenflächen zu betreten oder in ein Auto zu steigen. Andere hatten ganz einfach vor allem Angst, was sie nicht kannten oder nicht sofort einordnen konnten. Und ganz viele hatten Angst vor Hunden, wobei man hier wirklich sagen muss, dass es meist eher die Eltern waren, die ihren Kindern diese Angst eintrichterten. Jedenfalls konnten wir ja jeden Tag sehen, wie Bobba mit Menschen umging und wie sie alle sofort Vertrauen zu ihm fassten. Das brachte meine Partnerin auf die Idee, den Hund mit zu den Klientensitzungen zu nehmen. Was uns erst wie eine Schnapsidee erschien, entwickelte sich nach einem Gespräch mit der Professorin und einem ersten Kennenlernen zwischen selbiger und dem besten Hund der Welt zu einer einwandfrei funktionierenden Therapieform. Bobba bekam die Genehmigung, sich in der Universität aufzuhalten, und durfte mit in den Fachbereich Psychologie. Dort nahm er an den Sitzungen mit den Kindern teil und war derart einfühlsam, dass er mit einem entsprechenden Studienabschluss wohl sofort eine Festanstellung inklusive Cordjackett mit Ärmelflicken bekommen hätte. Rannte er sonst immer auf alles und jeden zu, blieb er bei diesen Sitzungen einfach ganz ruhig in seiner Ecke und wartete ab. Meist lag er auf einer Decke und schaute das Kind nur aufmerksam an, war völlig entspannt, ein wahrer Buddha auf vier Pfoten. Spätestens in der zweiten Sitzung kamen die Kinder von sich aus näher und nahmen Kontakt auf. Bobba ließ dabei jedes noch so ungeschickte Herumgepatsche von kleinen Händen über sich ergehen, ohne auch nur mit der Wimper zu zucken. Kinder steckten ihm ihren Finger ins Ohr oder zogen an warmen Tagen an seiner Zunge, die ihm aus dem Maul hing. Er ließ sich alles gefallen, und schnell verloren die Kinder jegliche Angst, während manche der Eltern stocksteif auf ihren Stühlen saßen und die vermeintliche Bestie im Auge behielten. Von diesem Zeitpunkt an konnten sich die

Psychologen auf die eigentlichen Patienten konzentrieren und mit den Eltern darüber sprechen, wie eigene Ängste oft unbewusst an andere weitergegeben werden.

Ich muss zugeben, dass ich mächtig stolz auf meinen Hund war. Zwar blieb das Ganze als Versuch auf ein Semester beschränkt, und es veranlasste mich auch nicht dazu, von der Philosophie zur Psychologie zu wechseln; doch ich war schon sehr davon angetan, was die Gegenwart eines tiefenentspannten Hundes für Menschen bewirken kann. Ich denke auch immer noch, dass jede Form von Heilung als Erstes Entspannung braucht, und die Erfahrungen, die heutzutage mit Hunden in Krankenhäusern oder Altersheimen gemacht werden, scheinen ebenfalls auf diesen Zusammenhang hinzudeuten. Und diese Studien werden ja nur mit ganz normalen Hunden durchgeführt und nicht mit Super-Bobba selbst.

Mein Hund kam also von seinem Job an der Uni zurück und verbrachte seine Zeit wieder mit mir im Park. Für dieses Leben hatte er genug in offiziellen Diensten gestanden, jetzt arbeitete er wieder ehrenamtlich mit kleinen alten Damen, trinkfesten, doch herzensguten Rüpeln und mit mir, einem Menschen, der einfach nicht so recht wusste, was er mit diesem Leben anfangen sollte.

Kein Anfang, kein Ende

Ohne geistige Gebilde zu ergreifen oder abzuweisen,
verweile einfach – so.

GENDÜN RINPOCHE

NEBEN DEN LEHREN DES ZEN beschäftigte mich auch der tibetische Buddhismus, obwohl ich diesem eher zufällig begegnete. Ein Kumpel wollte nach Südfrankreich fahren, um an einem Retreat in einem tibetischen Kloster teilzunehmen, und fragte mich, ob ich nicht mitkommen wolle.

Da ich nun wirklich nichts Besseres zu tun hatte, enterten wir einen Firmentransporter seines Vaters, füllten mit Hilfe der Firmentankkarte 300 Liter Diesel in Kanister und verstauten sie unter den Sitzbänken, um uns dann auf den Weg zu machen. Bobba nahm ich kurzerhand mit, da mein Kumpel meinte, dass auf dem Klostergelände ohnehin ein paar Hunde herumliefen und einer mehr oder weniger kein Problem darstelle. Und da er in dem Transporter nicht aus dem Fenster schauen konnte, wie er es sonst gern bei Autofahrten tat, machte er wie üblich das Beste aus der Situation und schlief die meiste Zeit tief und fest. Da wir noch zwei langhaarige Hippie-Anhalter mitnahmen, wurden wir natürlich prompt an der Grenze zur Seite gewinkt, wo unser Wagen dann gründlich durchsucht wurde. Ich fragte mich, ob es wohl legal war, so viel Diesel im Auto zu transportieren, merkte aber schnell, dass die Sorge, als Großschmuggler von Mineralölprodukten entdeckt zu werden, unnötig war. Die französischen Beamten durchsuchten jede Tasche, sie blätterten jedes Buch durch (was immer sie darin auch vermuteten), falteten jedes T-Shirt auseinander – und blieben währenddessen immer schön auf den mit Kanistern gefüllten Sitzbänken hocken. Unsere Hippie-Anhalter schauten ihnen verdutzt mit rot geränderten Augen zu. Wenn ich mich so an sie erinnere, muss ich gestehen, dass ich unseren Wagen auch durchsucht hätte. Man würde ja schließlich auch den Tourbus von Grateful Dead nicht einfach durchwinken! Nach einer guten Stunde war der Spuk jedoch vorbei, und wir konnten weiterfahren.

Endlich im Kloster angekommen, begann nach dem offiziellen Verwaltungsakt der Zuteilung eines Platzes für unser »Wohnmobil« auch bald die erste Belehrung. Der Kurs wurde von Gendün Rinpoche geleitet, der mir damals völlig unbekannt war, aber zu den ganz großen Lehrern der Kagyü-Linie des tibetischen Buddhismus gehörte. Wenn ich heute gefragt werde, welchen Lehrer ich denn selbst erlebt hätte, und dann

Gendün Rinpoche erwähne, bekommen manche Buddhisten gleich Schnappatmung vor Aufregung, weil Gendün Rinpoche so ein großer Mann war. Nun, groß war er nun wirklich nicht, eher so einen halben Kopf höher gewachsen als Yoda, aber innerlich war er tatsächlich von herausragender Kraft. Bobba war an den Belehrungen wenig interessiert und stromerte die meiste Zeit über das Klostergelände, begrüßte die anderen Hunde – riesige, zottelige, rotbraune Ungetüme, die aber zum Glück sehr friedfertig waren – und vertrieb sich die Zeit mit Dingen, die Hunde eben so machen: schnüffeln, hier- und dorthin pinkeln, nach Fressen suchen und spielen. Mich dagegen bewegten die Vorträge von Gendün Rinpoche und die Meditationen in seiner Gegenwart sehr – und ich spürte vor allem einen gravierenden Unterschied zur Zen-Tradition: Alles, was er sagte, war von einer unglaublichen Warmherzigkeit geprägt, von Mitgefühl durchdrungen. Zudem war alles sehr bunt und sehr religiös gestaltet, ganz anders als die manchmal nahezu zwanghafte Schlichtheit des Zen-Weges. Ich war fasziniert sowohl von Gendün Rinpoche als auch von den vielen Meditierenden, die aus aller Welt kamen und sich hier versammelt hatten. Ich lernte einen Kanadier kennen, der zum Buddhismus gekommen war, nachdem er aus ihm selbst unerfindlichen Gründen ein Buch von Kalu Rinpoche geklaut hatte, und der uns in die »Feinheiten« des Klosterlebens einführte. Ich muss sagen, dass es hinter den Kulissen ganz schön wild zuging – ich bezweifle sehr, dass die alten Lehrer das für gut befunden hätten, was während des Retreats an Saufgelagen so ablief. Vielleicht war das aber auch nur bei meinem näheren Umfeld auf dem Klostergelände so. Der bereits erwähnte Kanadier war schon seit einem halben Jahr im Kloster, fühlte sich jedoch bei uns dermaßen wohl, dass er sofort zum festen Inventar unseres Busses wurde und nahezu täglich unter Beweis stellte, was für ein Frauenheld er war. Auch zwei andere Typen aus Holland, die gleich neben uns kampierten, waren keine Kinder von Traurigkeit. Es schien, als hätten sie eine geheimnisvolle Weinquelle im Kloster aufgetan, oder aber sie hatten ähnlich, wie wir Diesel mitgebracht hatten, auf ihre Weise vorgesorgt.

Mein Kumpel, mit dem ich aus Deutschland gekommen war, lernte eine wahre Schönheit aus Griechenland kennen und ward fortan nur noch sporadisch gesehen. Da ich »in festen Händen« war, schien es mir, als sei ich der Einzige unserer Truppe, der sich gänzlich auf das Retreat konzentrierte. Eine echte Spaßbremse!

Auf jeden Fall saß ich jeden Tag mehrere Stunden in einem riesigen Zelt und hörte Gendün Rinpoche zu, der mir viele Sichtweisen präsentierte, die mir einiges zu denken gaben. Endlich mal wieder! Die bunte Welt des tibetischen Buddhismus gab meinem Hirn wieder richtig Futter, ich konnte mich an Aussagen reiben, sie innerlich zerlegen und ihnen entweder zustimmen oder ihnen für mich selbst widersprechen. Es ratterte in meinem Kopf, und ich kam mir vor wie in einem meiner Philosophieseminare, wo ich auch nichts einfach so stehen lassen konnte. So schön und warmherzig diese Welt auch war, spürte ich doch, wie ich mich bei einigen Dingen sträubte; und mich wunderte, dass die Großzahl der anderen Teilnehmer des Retreats Konzepte wie das Auffinden von Wiedergeburten oder die angeblichen magischen Kräfte einiger hochrangiger Lamas einfach so für bare Münze nehmen konnten. Wenn abends die letzten Meditationen abgehalten wurden, machte ich danach noch stundenlange Spaziergänge mit Bobba und sinnierte über diese Themen nach, jonglierte mit Theorien, akzeptierte Teile aus ihnen und verwarf anderes.

Bobbas erfrischende Gedankenlosigkeit brachte mich stets wieder auf den Boden der Tatsachen zurück. Doch offensichtlich ging meinem vierbeinigen Lehrer auch auf, dass er die Verantwortung für mich nicht einfach an Gendün Rinpoche abgeben konnte! Als ab einem gewissen Zeitpunkt bei jeder Belehrung einer der Klosterhunde auftauchte und sich ganz in meiner Nähe niederließ, kam auch Bobba hinzu. Eigentlich sollten die Hunde das Zelt nicht betreten, woran sie sich auch sehr brav hielten; und wäre dies am ersten Tag des Retreats geschehen, hätte man sie bestimmt freundlich hinausgebeten. Doch als sich das Retreat dem Ende zuneigte, schien es wohl allen egal zu sein.

Als Gendün Rinpoche dann an einem Tag ganz nebenbei von den Wundertaten einiger tibetischer Lamas berichtete, von Wetterzauber und ähnlichen Dingen, und ich schon innerlich meine Gegenargumentation vorbereitete, da fingen sowohl Bobba als auch der Klosterhund neben mir laut an zu schnarchen. Es war, als wäre der Räuber Hotzenplotz mitsamt seinem zu groß geratenen Bruder ins Kloster eingefallen und hätte es sich richtig gemütlich gemacht. Ich schaute die beiden an, konnte mich überhaupt nicht mehr auf die Worte Rinpoches konzentrieren, und das Schnarchen fegte meinen Kopf förmlich leer.

Ich spürte, wie ich die Struktur meines eigenen Geistes, der so sehr auf Ablehnung oder Zustimmung geeicht war, betrachten konnte. Und ich bemerkte, dass diese Struktur nicht alles war, was mich ausmachte. Ich konnte diese Struktur nutzen, aber ich konnte sie auch links liegen lassen.

Warum nicht die Worte Gendün Rinpoches, die ich nicht für mich selbst nachvollziehen konnte, einfach so sein lassen? Seine Erfahrung und sein kultureller Hintergrund waren völlig anders als mein Hintergrund. Wir waren im Grunde genommen in zwei völlig verschiedenen Welten aufgewachsen. Warum musste bei mir immer *alles* stimmen, alles zusammenpassen, alles in eine »einheitliche spirituelle Feldtheorie« eingeordnet werden? Warum konnte ich nicht einfach das annehmen, was mir hilfreich erschien, und alles andere einfach so sein lassen, wie es nun einmal war oder von Menschen aus anderen Kulturen seit Tausenden von Jahren so gesehen wurde? Egal ob Tibet, China, Indien, Vietnam, Thailand oder Japan – in jeder Tradition des Buddhismus gab es Dinge, die rein kulturell geprägt waren und die mit Buddhas grundsätzlicher Lehre nur am Rande zu tun hatten. Doch was half mir wirklich in meinem Alltag? Welche Ideen konnte ich als Agnostiker akzeptieren und in mein Leben übertragen?

Meditation, die Dinge sehen, wie sie sind, mich so sehen, wie ich bin – war es nicht das, worum es mir eigentlich ging? Wenn manche Tulkus und Lamas fliegen oder an zwei Orten gleichzeitig auftauchen können … bitte schön! Mir reichte es, ruhig zu werden, mein Denken in seinem pausenlosen Rotieren etwas einzudämmen, aus tiefer Einsicht heraus zu agieren, statt aus emotionsgeladenem Unverstand heraus zu reagieren, mein Ego nicht als Mittelpunkt der Welt wahrzunehmen und anderen Wesen mit Liebe und Mitgefühl zu begegnen. Ich wollte in die Welt hinein erwachen, und dazu schienen mir die Methoden des Buddha erfolgversprechend zu sein. Mit was auch immer die verschiedenen Kulturen den Buddhismus auf seiner Reise angereichert hatten, kam mir nicht sonderlich relevant vor, ebenso wenig wie die Unterscheidung und Abgrenzung der verschiedenen Schulen und Wege. Mein Ding schien ja ohnehin die ehrwürdige Tradition des Fellfreund-Dharmas zu sein, was mich anderen Richtungen gegenüber, die noch nicht einmal Quietschbälle als Meditationsobjekte einsetzten, sowieso eher misstrauisch machte.

Dieser Ausflug in den tibetischen Buddhismus hatte mir gezeigt, dass mir nur der Kern der Lehre etwas bedeutete und mir der Rest völlig egal sein konnte. Ich betrachtete durch diese Erfahrung angeregt auch noch einmal die Welt des Zen mit neuen Augen: die Roben, die Räucherstäbchen, die Verbeugungen, die abgezirkelten Verhaltensweisen, das japanische Rezitieren, was mir schon immer auf den Senkel gegangen war, weil ich kein Wort verstand, das ganze Formale und die Strenge und Selbstzucht, die manch schmallippig Mitmeditierendem so viel bedeuteten. Brauchte ich irgendetwas davon? Oder reichte es nicht einfach, mich hinzusetzen, still zu sein und dem Leben zu lauschen, das sich mir von selbst offenbarte, sobald ich meine Selbstbezogenheit für einen Moment vergessen konnte? Reichte es nicht zu lernen, was hilfreich und wichtig für mich war, und beim Rest einfach ein bisschen zu schnarchen?

Auf dem Rückweg machten wir einen Zwischenstopp in Paris, weil mein Kumpel sich unbedingt noch von seiner neuen Freundin in einem Hals über Kopf angemieteten Hotelzimmer »verabschieden« musste. Da war ich nun mit Bobba, hatte zum Glück einen alten Strick im Transporter gefunden und führte ihn daran durch Paris. An nahezu jeder Straßenecke wurden wir von einem Polizisten angesprochen, der uns in nahezu unverständlichem Englisch darauf hinwies, dass der

Hund auf gar keinen Fall von der Leine gelassen werden dürfte und dass ich jedes »Häuflein« zu entfernen hätte. Was Letzteres anging, hatte ich wirklich Glück, denn Bobba machte niemals auf Asphalt, sondern grundsätzlich nur ins Gebüsch. Da machte er auch in der Stadt der Liebe keine Ausnahme, sondern kniff lieber die kleinen Pobacken zusammen. Grün suchten wir vergeblich, fanden lediglich ein paar winzige umzäunte Parks, in denen Hunde streng verboten waren. Ich fragte mich, ob Pariser Hunde alle Windeln trugen, und war wirklich froh, als wir endlich weiterfahren konnten. Zwar hatten wir jeden Streifenpolizisten der Stadt persönlich kennengelernt und tatsächlich auch eine echte französische Grande Dame inklusive Pudelmädchen mit zum eigenen Kleid passendem Halsband getroffen, doch da uns Erstere ziemlich nervten und Letztere eher missbilligend auf den Mischling am Strick herabsahen, hielt uns dort nichts mehr.

Ich kam trotz der Pariser Episode mit einem guten Gefühl aus Frankreich zurück. Ich hatte im tibetischen Buddhismus kein neues Zuhause gefunden, aber eine Tradition, die mich herausgefordert hatte (und heute auch immer noch herausfordert), sodass ich meine eigene Annäherung an den Dharma genauer in Augenschein nahm, »meinen Buddhismus« weiter verschlankte und auf das für mich Wesentliche reduzierte.
Gleichzeitig hatte einiges von dem, was Gendün Rinpoche erzählt hatte, in mir Wurzeln geschlagen, auch wenn ich nicht genau wusste, ob ich das alles glauben konnte oder nicht. Zum Beispiel hatte er gesagt, der Buddhismus lehre, dass es nichts in diesem Universum gebe, dem nicht eine Ursache zugrunde liege. Nichts entstehe aus sich selbst her-

aus, alles sei abhängig von einander bedingenden Ursachen. Ebenso habe alles, was existiere, eine Wirkung in die Zukunft hinein. Energie erhalte sich, setze sich fort.

Kurz gesagt: Es gibt keinen absoluten Anfang, keine Schöpfung aus dem Nichts, keinen alten Mann auf der Wolke, der mit einem Chemiebaukasten spielt, sondern vielmehr ein Kontinuum des Seins, das anfangslos besteht. Und dieses Kontinuum wird weiter fortbestehen, sich immer weiter entfalten, wachsen und sich verändern. Kein Anfang, kein Ende. So weit war mir das auch aus meinen Zen-Büchern bekannt, doch der tibetische Buddhismus geht mit diesen Ideen ganz anders um als seine japanische Ausprägung. In Tibet wird sehr viel Wert darauf gelegt, unser eigenes Leben in genau diesen grenzenlosen Maßstäben zu betrachten. Wir waren schon immer, existieren seit Ewigkeiten und werden auch weiterhin in der einen oder anderen Form existieren. Die alte buddhistische Lehre der Reinkarnation, die ursprünglich aus dem hinduistischen Umfeld des historischen Buddha stammt und im Zen eigentlich überhaupt keine Rolle spielt, wird in Tibet sehr ernst genommen und auf sehr schöne Weise im Alltag gelebt.

Die Konsequenzen dieser Weltsicht wurden mir an einem sonnigen Nachmittag klar, als ich wieder wie üblich mit Bobba in »unserem« Park saß. Manchmal ist es ja so, dass man etwas hört und es irgendwo abspeichert, es wie Saatgut vergräbt, bis dann der richtige Moment kommt und etwas aus dem Dunklen des Unbewussten an die Oberfläche strebt, um sich dort zu zeigen.

Was Bobba anging, hatte ich vom ersten Tag an das Gefühl, ihn zu kennen, ihn schon sehr lange zu kennen. Wir waren so vertraut, wie man nur vertraut sein kann. An jenem Nachmittag wurde die tibetische Idee der endlosen Wiedergeburt auf besondere Weise für mich greifbar. Bobba saß vor mir, während ich auf einer Parkbank den wohlverdienten Studienfeierabend nach einer Vorlesung genoss, schaute mich an, jonglierte ein bisschen mit seinen erstaunlich beweglichen Augenbrauen und verbreitete wie immer ein beredtes Schweigen. Ich sah mir seine Augen an, das tiefe Braun, die schwarzen Pupillen – und mit einem Schlag wurde mir nahezu körperlich bewusst, dass Anfangslosigkeit tatsächlich Ewigkeit bedeutete und somit unendlich viele Möglichkeiten der Begegnung, ja, alle Möglichkeiten der Begegnung. Wenn Bobba und ich ohne Anfang existierten, dann waren wir schon mehrmals Väter und Mütter füreinander gewesen. Wir hatten uns geliebt und gehasst, wir waren beste Freunde und schlimmste Feinde gewesen. Ich war einmal ein Fuchs und er ein aufgeregtes und bald darauf totes Huhn gewesen; er einmal ein Wolf und ich ein Reh; wir hatten uns gejagt und gegenseitig gegessen, wir hatten uns grölend beim Monster-Truck-Rennen betrunken und gemeinsam am Christopher Street Day

teilgenommen; ich war sein ungezogener Welpe gewesen, sein Gangmitglied, sein Zellengenosse, seine liebende Ehefrau, sein Mörder, sein Lebensretter; wir hatten als Pinguine frustrierende Flugversuche unternommen und als Bakterien nebeneinander in einer Petrischale herumgelungert.

Kein Wunder, dass wir es so gut miteinander aushielten und ich in seiner Nähe immer entspannter wurde. Warum sollte ich sauer auf ihn sein, wenn er seiner Natur folgte und den schnuckeligen Pudeldamen nachstellte? Hatte er mich von ebensolchen Unternehmungen nicht auch schon zigmal erfolglos abzuhalten versucht? Irgendwann einmal, in einem anderen Leben?

An diesem Nachmittag konnte ich mir das alles vorstellen. Kein Anfang, kein Ende, das bedeutete unendliche Verbundenheit in unendlich vielen Leben, in unendlich vielen unterschiedlichen Rollen. Und wenn ich es weiter dachte, bezog sich das nicht nur auf ihn und mich, sondern auf jedes Lebewesen in dieser Welt. Das Eichhörnchen, das russisches Roulette mit einem hungrigen Hund spielte, der Regenwurm, der sich abmühte, der Amsel zu entkommen, die nette alte Dame, die immer so mit ihrem Kopf wackelte, der selbsternannte Parkaufseher auf seinem zwangsneurotischen Kontrollgang – sie alle waren mir schon unzählige Male in ebenso unzähligen Variationen und Kombinationen begegnet. Entweder hier oder in einem anderen Universum, das Ursache für unser Universum war. Und sie würden es weiter tun, weiter und weiter.

Ob ich das wirklich glaube? Ganz ehrlich: Ich weiß es nicht!
Aber ich finde, dass es ein sehr schöner Gedanke ist, der zumindest für mich heilsame Folgen hat. Ich weiß, dass es kitschig klingt, aber mich

erfasst in den Momenten, in denen ich mir diese Lehre vor Augen führen kann, eine unglaubliche Zuneigung zu all diesen Wesen, die ich schon so lange kenne und mit denen ich die Ewigkeit verbringen werde. Ebenso ein tiefer Frieden mit all denen, die mich sonst so nerven (Stichwort Parkaufseher!) – mir war klar, dass ich für sie vielleicht irgendwann einmal eine ebenso nervige Rolle gespielt hatte. Was hätten wir uns zu erzählen, wenn wir uns nur erinnern könnten! Ein Kaffeeklatsch mit allen Wesen, die existieren … Das kann dauern!

Vielleicht ist es also ganz gut, dass wir alles vergessen, was in unseren letzten Leben so los war. Wer möchte sich auch schon daran erinnern, dass er im letzten Leben mit Block und Stift bewaffnet Falschparker aufgeschrieben hat? Ich zumindest wäre in diesem Fall dem gnädigen Reinkarnations-Alzheimer zutiefst dankbar!

Wie gesagt, ich habe keine Ahnung, ob dieses Leben wirklich ein solcher Kreislauf ist oder nicht. Vielleicht ist das alles auch nur ein Gedankenspiel, und wir leben in Wahrheit einmal ein einzigartiges Leben, um danach für immer zu verschwinden. Wir sterben, die Lichter gehen aus … Ende!

Doch vielleicht kann uns dann diese Weltsicht des tibetischen Buddhismus als Symbol für unsere grundsätzliche Verwandtschaft dienen. Eine Verwandtschaft, die uns auf einer viel tieferen und handfesteren Ebene verbindet, als wir uns bewusst machen. Immerhin bestehen unsere Körper aus den gleichen Elementen, die sich vor etwa vierzehn Milliarden Jahren aus den Resten explodierender Sterne gebildet hatten, sich dann sammelten, zu Planeten wurden, auf denen sich aus ebendiesen Elementen dann Einzeller, dann Fische, Amphibien, Reptilien, Dinosaurier, Vögel, Säugetiere, Primaten und auch wir entwickelten. Lebewesen werden geboren, werden alt und sterben, lösen sich in ihre Bestandteile auf, die von der Natur wiederverwendet werden. Mineralien und Eiweiße der Gestorbenen werden von anderen verzehrt, die sich fortpflanzen und diesen Bestandteilen eine neue Form geben. Und so geht es immer weiter. Aus Tod entsteht Leben, stirbt erneut und wird auf gewisse Weise »wiedergeboren«.

Möglicherweise kann auch der eher naturwissenschaftlich geprägte Leser diesen Vorgang mit der tibetischen Reinkarnationslehre in Zusammenhang bringen und diese Lehre als symbolische Erzählung eines kosmischen Werdens und Vergehens verstehen.

Man braucht diese Lehre nicht, um Buddhismus im Alltag zu leben. Man braucht sie auch nicht, um sich selbst zu einem moralischen Verhalten in der Welt zu »überreden«. (Wer das tun muss, dem wird auch diese Lehre nicht weiterhelfen!) Doch ich finde, sie ist eine schöne Darstellung der Verbindung, die zwischen allem, was ist, existiert – und die uns zeigt, dass jeder Mensch, jeder Baum, jeder arme Zirkuselefant, jedes Schwein im Schlachthaus, jeder Hund im Tierheim in gewisser Weise ein Teil von uns ist.

Zumindest Bobba war mir so nah, dass ich mir die vergangenen Leben, die ich mit ihm verbracht hatte, wenigstens vorstellen konnte. Und wenn ich die Ewigkeit mit ihm verbringen müsste, wäre das für mich völlig in Ordnung.

Rollen, Masken
und ballonseideneУгgingаnzüge

Augenblick für Augenblick kommt jeder aus dem Nichts hervor.
Das ist die wahre Lebensfreude.

SHUNRYU SUZUKI

BOBBA HATTE DIE ANGEWOHNHEIT AUFZURÄUMEN. Damit meine ich nicht, dass er sein Spielzeug ordentlich in ein Regal einsortierte oder dass er seinen Futterplatz so hinterließ, dass man gefahrlos barfuß die Küche hätte betreten können. Nein, leider nicht. Bobba war mehr an einer Art Aufräumen interessiert, die auch Chuck Norris in seinen Achtziger-Jahre-Actionstreifen bevorzugte.

Im Park, in dem ich jeden Tag mehrmals spazieren ging, war er schon bald als »Der Sheriff« bekannt: Wenn es irgendwo Ärger zwischen zwei Hunden gab, rannte er los und preschte dazwischen. Dabei wurde schon mal der eine oder andere Hund umgerannt, aber dann war auch

Ruhe. Bobba war eine friedliebende Kanonenkugel mit Fell. Er wirkte dabei manchmal recht grob, verletzte aber nie jemanden, sondern sorgte einfach dafür, dass aggressives Verhalten im Keim erstickt wurde oder aber eine Beißerei ihr Ende fand, bevor sie einen oder beide Kontrahenten in die Tierarztpraxis brachte. Ich überlegte zwischenzeitlich, eine Telefonzelle im Park aufzustellen, in der Bobba sein Superheldenkostüm hätte anlegen können, verwarf die Idee aber wieder. Er hatte es nicht nötig, eine beeindruckende Maske zu tragen, sondern konnte allein durch seine innere Haltung überzeugen. Dieser eher unscheinbare Mischling hatte eine solche Energie und Kraft, dass er auch größere Hunde sofort einschüchterte.

Das ging so lange gut, bis Rocky die Bühne beziehungsweise den Park betrat. Rocky war ein Mastino-Doggen-Mischling, ungefähr doppelt so schwer wie Bobba und mit einem Aussehen gesegnet, das ihm einen gut honorierten Job als angeketteter Schrottplatz-Wachhund eingebracht hätte. Sein Besitzer war ... Na ja, wie soll ich es sagen? Er erfüllte für mich jedes Klischee von Leuten, die ihren Hund »Rocky« oder »Rambo« nennen: Vokuhila, Schnurrbart, Goldkettchen, ballonseidener Jogginganzug. Wirklich, ich schaute mich immer nach versteckten Kameras um, weil ich einfach nicht glauben konnte, dass die Realität tatsächlich diese Form annehmen konnte.

Wenn Sie jetzt eine blutrünstige Geschichte erwarten, in der ein Mastino-Doggen-Mischling und ein wesentlich kleinerer Kreuz-und-quer-Mischling aufeinander losgehen und sich ineinander verbeißen, muss ich Sie leider enttäuschen. Und genau das war das Problem! Wenn Rocky und sein Besitzer den Park betraten, flimmerte die Luft vor Testosteron. Im breitbeinigen Ludengang wurde das Tier nicht aus-, sondern vorgeführt. Eine Sechzig-Kilo-Ego-Erweiterung an der Leine inklusive martialischem Stachelhalsband. Ein Traum für jeden Karikaturisten. Schwierig war nur, dass der gute Rocky so ganz anders war, als sein Herrchen sich das vorgestellt hatte, damals, als er ihn sich – wahrscheinlich auf einem Autobahnrastplatz nahe der tschechischen Grenze – anschaffte. Rocky war ein Lamm, ein ängstliches Meerschweinchen im Körper eines Killers, der überhaupt nicht verstand, was von ihm erwartet wurde, sondern lieber mit Yorkshireterriern Verstecken gespielt hätte. Sobald er Bobba, der sich kaum für ihn interessierte, auch

nur aus der Ferne sah, warf er sich auf den Rücken und winselte. Mit puterrotem Gesicht versuchte sein Herrchen ihn zum Aufstehen zu bewegen, zerrte an der Leine und fuhr ihn mit scharfen Worten an. Dieses beängstigende Verhalten seines Herrchens verstärkte natürlich nur noch das Grundgefühl Rockys, dass irgendetwas mit diesem braunen Mischling ganz und gar nicht stimmte. Hier bewegte man sich offenbar auf verdammt dünnem Eis – und deshalb war es besser und sicherer, man bewegte sich überhaupt nicht.

Ich machte mir darüber nicht allzu viele Gedanken, mir tat nur dieser Brocken von Hund leid, der wahrlich bessere Gesellschaft als diesen Idioten am anderen Ende der Leine verdient gehabt hätte. Aber so leicht kam ich nicht davon.

Nachdem ein paar Monate ins Land gegangen waren, in denen sich dieses Schauspiel zwischen Rocky und Bobba ungefähr fünfzehn- oder zwanzigmal wie beschrieben zugetragen hatte, drehte das offenbar zutiefst gedemütigte Ego von Rockys Besitzer endgültig durch. Wenn sein Hund schon so ein Feigling war, musste zumindest er zeigen, was in ihm steckte.

Und so – man mag es kaum erzählen, weil es so lächerlich ist – stellte er mich eines Tages im Park und drohte mir eine ordentliche Tracht Prügel an. Ernsthaft!

Mit bebendem Schnurri stand er vor mir, flippte aus und beschimpfte mich, dass sein Hund aufgrund des Verhaltens meines Hundes völlig verstört sei – und wenn er mich noch einmal hier erwischen würde, dann …

Bobba saß neben mir und schmatzte ein bisschen gelangweilt, während Rocky natürlich schon wieder auf dem Rücken lag und zaghaft zu uns herüberschielte. Ich hingegen war ehrlich gesagt fassungslos, konnte aber gleichzeitig die Bilder von Ralf Richter in »Bang Boom Bang« nicht aus meinem Kopf verbannen und musste einfach loslachen. Das verwirrte den Besitzer von Rocky offenbar sehr, denn er verstummte und machte nur noch ein paar stille Gesichtsmuskelübungen, die an einen an Bluthochdruck leidenden Kampfkarpfen erinnerten. Da das kein wirklich erbaulicher Anblick war, drehte ich mich um und ging meiner Wege.

Im Nachhinein würde ich mich heute nicht mehr so verhalten, denn in solch einer Situation den Lachreflex nicht unter Kontrolle zu haben kann natürlich böse ins Auge gehen. Ich vermute mal, dass der in schwarz-türkisfarbene Ballonseide gewandete Herr weitaus geübter in körperlichen Auseinandersetzungen war als ich. Aber es geschah nichts, und ich sah weder Rocky noch seinen Besitzer jemals wieder. Sie verließen den Park und tauchten nicht mehr auf.

Später erzählte mir jemand, er habe den Hund abgegeben, was für mich zu der ganzen Geschichte passte. Traurig für den wirklich schönen Mastino-Doggen-Mischling, der einfach nur den Fehler machte, er selbst zu sein, und dabei nicht dem Bild entsprach, das Herrchen von ihm und vor allem von sich selbst hatte. Wahrscheinlich kaufte der Typ sich danach einen Komodowaran, um damit auf der Reeperbahn zu flanieren.

Diese Geschichte ist zwar ganz amüsant, aber gleichzeitig auch mehr als nur eine weitere Anekdote aus meinem Leben als Gefahrensucher. Sie verdeutlicht eine Struktur, die in vielen von uns wirksam ist. Wir alle glauben, »jemand« zu sein, ein festgefügtes, unabhängiges, in sich geschlossenes und möglichst ewiges Etwas. Wir setzen bereitwillig eine Maske auf und identifizieren uns mit einer bestimmten Rolle, um uns immer wieder selbst versichern zu können: »Das bin ich!«

Unser Ego scheint diese festen Grenzen, diese Selbstdefinition, zu brauchen. Immer wieder versichern wir uns, dieser oder jener zu sein, ein erfolgreicher Manager, ein unwiderstehlicher Aufreißer, eine fürsorgliche Mutter, ein Umweltaktivist, eine Expertin auf einem bestimmten Gebiet. Je mehr wir uns mit einem gewissen Etikett identifizieren, desto sicherer scheinen wir uns in einer an sich unsicheren Welt zu fühlen. Immerhin wissen wir, wer wir sind, wenn wir schon nicht wissen, was der ganze Rest soll.

Doch natürlich sind diese Selbstbilder überaus anfällig: Der Manager kann mit seiner Firma pleitegehen, der Frauenheld braucht ein Toupet und Viagra, die Mutter wird von ihren Kindern, die ein eigenes Leben führen wollen, zurückgestoßen, der Umweltaktivist scheitert an seinen eigenen hohen Ansprüchen, und die Expertin bemerkt plötzlich, dass sie mit ihren Überzeugungen seit Jahren falschgelegen hat. Im Grunde geht es all diesen Menschen so wie dem Herrn im Park, der ein knallharter Typ sein will und dessen Vorstellung von sich selbst von der Realität in Form eines lieben und eher ängstlichen Hundes untergraben wird. In vielen Fällen führt das drohende Zerbrechen des Selbstbildes zu verschärften Grenzkontrollen: Man setzt sich stärker von der Außenwelt ab, lässt niemanden an sich heran, verteidigt den Rest des Bildes mit Klauen und Zähnen, wird aggressiv, abwehrend und noch egozentrischer.

Dabei könnten wir eigentlich dankbar sein, wenn unsere Selbstbilder zerbrechen, denn in diesen Momenten erfahren wir, dass wir viel mehr sind als das, was wir von uns selbst glauben und uns immer wieder einzureden versuchen.

Der Buddhismus hat hier eine sehr realistische Sichtweise entwickelt. Er sieht das Ich als eine Ansammlung von Bedingungen, ein Kompositum aus Einflüssen unserer Taten und Entscheidungen, unserer Vorlieben und Abneigungen, unserer Erfahrungen und Erkenntnisse, aber auch unserer Erziehung, gesellschaftlichen Aspekte, psychischen und auch physischer Eindrücke. Shunryu Suzuki sagte: »Was wir ›Ich‹ nennen, ist nur eine Schwingtür, die sich bewegt, wenn wir einatmen und ausatmen.«[16] In jedem Moment sterben wir und werden wiedergeboren. In jedem Moment sind wir ein anderer als zuvor, da jeder Moment seinen Eindruck oder auch Abdruck in uns hinterlässt. Es gibt also nirgendwo einen festen Wesenskern, den man finden und benennen könnte, sondern nur *anatta*, Nicht-Selbst oder Nicht-Ich. Da alles nur Nicht-Selbst ist, gibt es auch nichts zu verteidigen, sondern die Welt darf ungehindert durch uns hindurchfließen. Nur wenn wir ein Ego haben, ein bestimmtes Bild von uns, kann dieses verletzt werden.

Bobba war es völlig egal, als wer oder was er angesehen wurde. Erst war er ein Welpe, dann wurde er groß, war hier und dort, hielt die Nase in die Luft und war jetzt hier. Das war auch schon alles.
Damit glich sein Leben den großen Zen-Meistern, die als zentrales Element ihres Seins die Leerheit ausmachen konnten. Damit ist nicht etwa gemeint, dass ihr Leben leer und sinnlos war, weshalb sie den lieben langen Tag in irgendeiner Nudelsuppenküche herumhängen mussten, um sozusagen dem Äquivalent zu unseren Realityshows im Fernsehen beizuwohnen. Nein, es geht vielmehr darum, dass ihre Existenz leer von einer in sich selbst bestehenden und von nichts abhängigen Entität war. Ihnen war bewusst, dass sie selbst aus vielen Dingen bestanden, die nicht sie selbst waren.

Bobba war nicht nur Hund, er war auch die Sonne und der Regen und die Luft, die sein Leben überhaupt erst möglich machten. Er bestand aus lauter Elementen, die eindeutig Nicht-Hund waren, aus Molekülen von Pansen, Würstchen und Wasser, aus Darmbakterien und abgelutschten Quietschballfarben, aus einer ungewöhnlichen Zuneigung zu Katzen und seiner Freundschaft zu mir. Licht drang in seine Augen ein, Photonen wurden Teil seines Wahrnehmungssystems, ebenso wie der Geruch läufiger Hündinnen aus zehn Kilometern Umkreis. Er war wie eine Membran, im stetigen Austausch mit seiner Umwelt, innen und außen für ihn kaum unterscheidbar. Er machte sich über sich selbst und seine Außenwirkung keinerlei Gedanken – jedenfalls erwischte ich ihn nie dabei, dass er selbst sein Fell bürstete oder freiwillig in die Badewanne sprang. Er konnte sowohl mit Chihuahuas als auch mit Bernhardinern spielen, niemand war ihm peinlich. Ebenso konnte er auch sehr nah mit einem anderen Rüden zusammenliegen, ohne gleich in einem Anfall von Homophobie schreiend wegzurennen oder zu meinen, dass er sich rechtfertigen müsse.

Weil er im besten Sinne »niemand« war, konnte er ganz natürlich alles sein. Er hatte nicht eine einzige Vorstellung von sich, die er hätte schützen müssen. Er war frei, weil er nicht an einem imaginären Ego hing. Wenn der Besitzer von Rocky doch nur kurz in diese Freiheit hätte hineinblinzeln können, vielleicht wären aus ihm und seinem wunderschönen Hund noch die besten Freunde geworden.

Das eigene Ego steht aber nicht nur so manchem Park-Türsteher im Weg, sondern macht sich zur großen Überraschung aller Beteiligten auch in der buddhistischen Szene gern mal breit. Meist ist es ja nicht so, dass man beim Lesen seines ersten Dharma-Buches vom Blitzstrahl der Weisheit getroffen wird und fortan das Ego mit einem gelassenen Lächeln hinter sich lässt. Auch ein Wochenend-Workshop führt nicht unbedingt zum Erwachen, auch wenn das eine prima Sache wäre. Selbst jahrelange Meditationspraxis hinterlässt bei manchen Zeitgenossen erstaunlich wenig Wirkung außer einem platten Hintern. Und so kann man in den letzten Jahren immer wieder Zen-Lehrer beobachten, die sich ihre Titel selbst gegeben haben, weil sich damit gutes Geld verdienen beziehungsweise gut über hingebungsvolle Schüler »regieren« lässt. Es ist bemerkenswert, wie viele selbsternannte Meister unterwegs sind, um mit ihrem titelgeschmückten Ego und ihrer mit viel Fantasie aufgehübschten Biografie möglichst viele Anhänger einzusammeln.

Manches sieht enorm authentisch aus, bis man dann näher hinschaut. Da erzählen manche Lehrer, sie seien von ihrem eigenen Meister zum Dharma-Nachfolger ernannt worden, was bedeutet, dass sie in einer bis auf den historischen Buddha zurückgehenden Linie stehen, in der der Dharma vom Lehrer zum Schüler weitergegeben wird. Wendet man sich dann aber an das Kloster, in dem sie angeblich ausgebildet wurden, stellt man fest, dass die Mönche dort noch nie etwas von dem Betreffenden gehört haben oder sich daran erinnern, dass er mal eine Klausur mitgemacht hat, aber niemals zu irgendetwas ernannt wurde. Oder er wurde ernannt, weil er nun einmal zufällig der Cousin oder Neffe eines Meisters war, den man noch irgendwo im professionellen Buddha-Betrieb unterbringen musste. Seilschaften gibt es nicht nur in der bayerischen Kommunalpolitik, sondern auch in Meditationshallen – da sollte man sich nichts vormachen.

Wohlklingende Titel wie zum Beispiel *shika* sind auch sehr beliebt. »Hui, der ist sogar *shika*«, ist man dann geneigt, verstohlen zu flüstern. »Da muss die Erleuchtung aber direkt hinter der nächsten Ecke lauern!« Wenn man jedoch weiß, dass der *shika* derjenige ist, der sich im Kloster um die Gäste kümmert, also sozusagen der Herbergsvater, ist es weit weniger beeindruckend.

Es ist schon verwunderlich, wie stark Egos sein können, dass selbst der jahrelange Einsatz von Zen-Schleifpapier das eigene Ich offenbar nur poliert und nicht etwa die Strukturen von falschem Stolz und Geltungssucht abträgt. Übrigens sind japanische Zen-Klöster ähnlich zwangsneurotisch organisiert wie deutsche Finanzämter. Da gibt es für nahezu alles eine offizielle Bestätigung und ein entsprechendes Formular. Wenn also jemand zum Dharma-Nachfolger ernannt ist, dann gibt es auch eine Urkunde darüber. Einfach mal nachfragen lohnt sich!

Wem also vertrauen, wenn es viele Leute zu geben scheint, die gar keine Lehrer sind und nur jahrelang erfolglos eine Wand angestarrt haben, um sich dann selbst die Legitimation zu geben, ihre Schüler in Abhängigkeitsverhältnisse oder Schlimmeres zu führen? Statt in ein Zendo zu gehen, würde ich empfehlen, sich ins nächste Tierheim aufzumachen. Der Hund hat seine Legitimation als Zen-Lehrer nämlich sozusagen von Geburt an. Vier Beine, heraushängende Zunge, behandelt jedermann gleich, verliert Haare, wo er geht und steht, gibt seine Weisheiten preis, ohne etwas dafür zurückzuverlangen? Check! Hat null Interesse an Machtverhältnissen, inspiriert durch sein bloßes Sein, meditiert spontan an jedem Ort, ohne dafür irgendein pseudospirituelles Brimborium zu veranstalten? Check! Macht wenig Worte und ist dennoch ein wandelndes Koan? Check! Ist mehr an Ihnen und Ihrer Freude interessiert als an seinem eigenen Ego? Check! Mal ehrlich: Was wollen Sie mehr?

Ein Hund hat mit all den Problemen, mit denen offensichtlich nicht wenige Zen-Lehrer zu kämpfen haben, nichts zu tun. Zwar wird er ebenfalls stillschweigend davon ausgehen, dass Sie als sein Schüler seinen Lebensunterhalt finanzieren, aber das ist mit Futter, ein paar Leckerchen, gelegentlichen Tierarztbesuchen und einem kuscheligen Schlafplatz doch vergleichsweise günstig, wenn Sie im Gegensatz dazu an Erste-Klasse-Flüge, Unterkünfte in Vier-Sterne-Hotels und Luxuslimousinen des einen oder anderen Zen-Popstars denken.

Zudem hat der Hund nun einmal kein Ego, das Sie beständig verhätscheln und dem Sie williger Untertan sein müssen. Ihn interessiert nicht, ob Sie seine Lehren annehmen und verwirklichen oder ob Sie sich einfach nur in seiner Gegenwart wohlfühlen. Er ist ein ununterbrochener Strom von bedingungsloser Liebe und der Weisheit des Augenblicks, in dem alle Kirschblüten als perfekt erscheinen. (Wer jemals »Last Samurai« gesehen hat, weiß, worauf ich hier anspiele …) Zudem ist es eher unwahrscheinlich, dass ein Hund sexuelle Gefälligkeiten von Ihnen einfordert, um Ihre »Hingabe zu prüfen«. Wenn er solche Bedürfnisse hat, wird er sich mit einem Ihrer Sofakissen zufriedengeben. Zugegeben, das ist auch nicht schön, aber immerhin besser, als selbst das Sofakissen zu sein.

Ich kann also nur empfehlen, sich gleich an die richtige Adresse zu wenden und den vierbeinigen Meistern den Vorzug zu geben. Die Tierheime sind voll von jungen und alten, großen und kleinen Lehrern, die Ihnen – wenn Sie genau hinschauen – exakt das vermitteln werden, was Sie in diesem Moment brauchen. Wenn Sie in Ihrem Leben viel Stress ausgesetzt sind, wird sich ein großes kuscheliges Schmusemonster finden, das mit Ihnen ruhige Spaziergänge macht und mit dem Sie auch mal gemeinsam an einem Sommerabend das Aufgehen des Mondes betrachten können. Wenn Sie eher zur Trägheit neigen, kommt vielleicht ein kleiner Sportfanatiker gerade recht, der Ihnen morgens um sechs die Bettdecke wegzieht und Halsband und Leine schon mitgebracht hat. Wenn Sie gern alles schön geordnet haben und es Ihnen schwerfällt lockerzulassen, wird ein vierbeiniger König des Chaos Ihnen ganz selbstlos beibringen, die Welt nicht allzu ernst zu nehmen. Eine Chihuahua-Fußhupe kann Ihnen zeigen, dass die Größe des Herzens nicht von der Größe des restlichen Körpers abhängt. Ein Irischer Wolfshund wird Sie mit dem Versuch überraschen, sich auf Ihrem Schoß zusammenrollen zu wollen; ein Labrador wird Ihnen glaubhaft versichern, dass es auf dieser Welt nichts, wirklich rein gar nichts gibt, mit dem man nicht spielen und dabei vor Freude ausflippen könnte. So sind Hunde. Haben sie erst mal eine Pfote in der Tür, ändert sich recht schnell alles. Und zwar zu unseren Gunsten, wenn wir in manchen Momenten auch Schwierigkeiten haben mögen, das sofort zu erkennen. Wenn Nietzsche der »Philosoph mit dem Hammer« war, dann sind Hunde die »Meditationslehrer mit der Kettensäge«: Nichts bleibt da, wo es vorher war, und das ist gut so. Von Zeit zu Zeit müssen wir einfach auf links gekrempelt werden, um unser Leben nicht zur bloßen Routine erstarren zu lassen. Ist das Zen? Mehr als alles andere!

Super, schon wieder Hundefutter!
Echte Zufriedenheit

Freude an einem Hund haben Sie erst, wenn Sie nicht versuchen,
aus ihm einen halben Mensch zu machen.
Ziehen Sie stattdessen doch einmal die Möglichkeit in Betracht,
selbst zu einem halben Hund zu werden.

EDWARD HOAGLAND

VOR EIN PAAR JAHREN bot ich einem spirituellen Verlag ein Manuskript zum Thema »Zufriedenheit« an. Der Eigentümer des Verlags – ein offener und überaus vernünftiger Mann – sagte damals zu mir: »Das reicht den Lesern nicht. Die Leute wollen mehr als nur zufrieden sein …«

Zu jenem Zeitpunkt noch verblüfft, glaube ich mittlerweile, dass er verdammt recht hatte mit dieser Einschätzung. Gerade die spirituelle Szene, die sich doch von der verbreiteten Mainstream-Mentalität des »Höher, schneller, weiter« abgrenzen möchte, verfällt selbst immer wieder oder auch immer mehr in eine ganz ähnliche Haltung, die sich nur durch veränderte Vorzeichen von der allgemein kritisierten Einstellung unterscheidet. Kein Mensch, der sich für spirituell hält, möchte zugeben, dass sich sein hauptsächliches Interesse auf den Erwerb eines größeren Hauses, eines größeren Autos und das Anlegen eines umfassenderen Aktienfonds richtet (obwohl es das, seit man Wünsche direkt an den Bestellservice des Universums richten kann, auch gibt). Aber permanente Glückseligkeit, einhergehend mit möglichst exotisch verbrämtem »Geheimwissen«, darf es schon sein.

Bei solch einem Lehrer wie Bobba, dem es genügte, mit gut gefülltem Magen stundenlang herumzuliegen und die Lichtreflexe der durchs Fenster scheinenden Sonne zu beobachten, hätten sich viele heutige Sucher wohl nicht wohlgefühlt. Bobba konnte viele Dinge nicht, die mittlerweile geradezu zum Standardrepertoire der meisten spirituellen Wochenend-Workshops zählen: Er konnte niemanden heilen, indem er sich durch ein paar Gehirnverrenkungen auf die Quantenebene begab und dann seine Pfoten auflegte. Er konnte weder mit Engeln sprechen noch Außerirdische kontaktieren, um sich sprachlich reizlose Kalendersprüche diktieren zu lassen. Er konnte auch nicht mit Informationen aus dem Jenseits aufwarten, sodass man nie erfahren hätte, dass sich Onkel Otto nach seinem Ableben pudelwohl fühlte und der gesamten buckligen Verwandtschaft irre dankbar war. Und das absolute Ausschlusskriterium für eine heutige Karriere in der wunderbaren Welt der

Spiritualität: Er war nicht einmal Veganer! (Pfui! Wenn er wenigstens Einhörnern nachgestellt hätte, wäre vielleicht noch etwas aus ihm geworden ... Aber nein! Ihm reichten schnöde Kaninchen.) Er war also nach heutigen Maßstäben generell ungenügend, machte viel zu wenig Versprechungen und verstand es in keiner Weise, sich selbst ins rechte Licht zu rücken und sich zu verkaufen. Ein Spaziergang war für ihn einfach ein Spaziergang und keine das ganze Leben transformierende Exkursion im morphogenetischen Feld. Ebenso war ein Ballspiel einfach ein Ballspiel und keine dynamische Therapiesitzung mit kosmischen Wunderkugeln, die Nikola Tesla eigenhändig in seiner Werkstatt zusammengeklöppelt hatte. Worte hatten für ihn ohnehin kaum Bedeutung, und klangvolle Namen, die alten Wein in neuen Schläuchen verhökerten, erst recht nicht. Ein Nickerchen blieb ein Nickerchen, auch wenn andere das als die esoterischen Lehren des altägyptischen Tempelschlafs der Eingeweihten bezeichnen mochten.

Was Bobba lehrte, war wirklich mehr als unspektakulär. Seine Methoden waren es ebenso. Er strahlte einfach eine grundsätzliche Zufriedenheit aus, die jeden Moment wertschätzte und die sich auch immer stärker auf mich auswirkte. Seine Ansprüche an das Leben waren nicht sehr hoch, und deshalb konnte er in vielen Situationen, die einen Menschen zur Verzweiflung getrieben hätten, zufrieden ruhen.

Stellen Sie sich nur einen Ihrer Zeitgenossen vor, der jeden Tag, sein ganzes Leben lang, ein und dieselbe Kombination von Nahrungsmitteln vorgesetzt bekäme. Jeden Mittag donnert ihm irgendjemand wortlos einen Teller mit Wurstebrei und Salzkartoffeln auf den Tisch. Immer wieder, gnadenlos. Ich glaube, die wenigsten von uns könnten sich noch nach Jahren darüber ehrlich freuen, dass sie überhaupt etwas zu

essen haben. Vielmehr würden wir wohl irgendwann anfangen, das Zeug an die Wand zu werfen, und uns darüber beklagen, warum ausgerechnet wir so ein hartes Schicksal erleiden müssen. Bobba freute sich dagegen jeden Tag wie ein Schneekönig über seine Mahlzeit: »Super, schon wieder Hundefutter! Mein Lieblingsessen!«

Es gab keinen Tag, an dem er mäkelig gewesen wäre. Zugegeben, er hätte sicherlich auch auf Niedrigtemperatur glasig gegarten Bio-Lachs mit grünem Spargel und geschmorte Kalbsbäckchen an Zitronen-Walnuss-Mousse nicht verschmäht, aber getrocknete Hühnerbrocken mit Reis aus dem Zwanzig-Kilo-Sack fand er halt auch super. Und zwar immer wieder!

Ich schaute mir diesen Hund an, wie er sich jedes Mal freute, seinen Napf gefüllt zu bekommen, wie er mit dem Schwanz wedelte, wenn es – egal bei welchem Wetter – nach draußen ging, wie er zum tausendsten Mal seinem Quietschball nachjagte oder wie er es genoss, wenn man ihn ein paar Minuten hinter den Ohren kraulte. Und dagegen hielt ich meine Bedürfnisse: die Dinge, auf die ich heute Appetit hatte und die mich morgen schon anöden würden; die vielen Klamotten in meinem Schrank, ganz abgesehen von den Unmengen an Büchern und CDs; meine Freizeitgestaltung mit Kino, Kneipe und Fitnessstudio; meine Joggingschuhe, meine Wanderschuhe, meine Hallenturnschuhe, meine Jeden-Tag-Schuhe, meine Hochzeits-und-Beerdigungs-Schuhe.

Ich war als Student nicht gerade mit einem Duck'schen Geldspeicher gesegnet, merkte aber dennoch, in welchem Luxus ich eigentlich lebte und wie unzufrieden ich trotz allem war. In meinem Leben lief es ja ehrlich gesagt nicht unbedingt so, wie ich mir das vorstellte. Mein Studium war ein Wechselbad zwischen Albtraum und Lachanfall, meine Nachtjobs waren trotz aller Lebenserfahrung, die ich dort vielleicht sammeln mochte, eine echte Zumutung, und jede Beziehung, die ich hoffnungsvoll und voller großer Gefühle anfing, beendete ich nach ein paar Jahren wieder, weil ich mich nach etwas sehnte, was es offensichtlich nicht gab. Ich erwischte mich oft dabei, wie ich mir am Morgen nach meinen Nachtschichten »etwas gönnte«, eine neue CD oder ein neues Buch kaufte, um mich für das Erduldete zu belohnen. Natürlich konnte ich mir das nicht wirklich erlauben – und so musste ich aufgrund dieser Belohnungsstruktur noch eine Schicht übernehmen, um das ausgegebene Geld zu kompensieren. Ganz schön dämlich, wenn man es mit einem gewissen Abstand betrachtet, aber völlig normal und nachvollziehbar, während man mittendrin steckt.

Beobachtete ich meinen vierbeinigen Meister, konnte ich jedoch nicht umhin, mir einzugestehen, dass Zufriedenheit nichts mit Dingen zu tun hatte. Natürlich hatte ich diese Einsicht schon hundertmal gelesen, aber wahrlich begriffen hatte ich sie nicht. Konsum würde mich nicht glücklicher machen, ganz gleich, wie spirituell die Bücher auch sein mochten, die ich mir kaufte. »Spiritueller Konsum« unterscheidet sich nur marginal von »normalem Konsum«, ebenso wie die Visualisierung eines regenbogenfarbigen Quanten-Pegasus sich nur unwesentlich von erotischen oder Allmachtsfantasien unterscheidet. Auf Dauer zufriedener und erfüllter wird man von alldem nicht. Diese Dinge verschließen wie ein billiges Pflaster vielleicht kurz die innere Wunde, die ein menschliches Leben in der modernen Welt so mit sich bringt, doch meist dauert es nicht lange, bis sich dieses Pflaster löst und höchstens noch ein paar klebrige Rückstände zurücklässt.

Wirklich zufrieden macht uns nur Zufriedenheit. Ich weiß, das klingt fast wie ein Koan, das Meister Joshu nach durchzechter Nacht morgens auf dem Klo eingefallen ist, doch es lohnt sich, darüber nachzudenken. Zufriedenheit ist eine grundsätzliche Haltung, kein Zustand, der durch Hinzufügung von irgendetwas zu unserem Leben erreicht wird.

Bobba stand ganz in der Tradition der Chan- und Zen-Meister wie auch der frühen taoistischen Meister, die im besten Sinne einfache Menschen waren. Sie waren zufrieden mit dem, was sie hatten, konnten im Augenblick verweilen und waren nicht ständig durch die Angst geprägt, etwas zu verlieren, oder durch die Hoffnung getrieben, etwas zu gewinnen. Im Vergleich zu vielen ihrer Zeitgenossen waren sie arm, im Vergleich zu uns Menschen der westlichen Moderne lebten viele von ihnen am Existenzminimum. Und dennoch scheinen sie uns eins vorausgehabt zu haben: die Fähigkeit, glücklich zu sein. Offenbar erfreuten sich viele kontemplative Menschen des Ostens an der Natur, jedenfalls ist eine Vielzahl chinesischer und japanischer Gedichte von Naturbildern durchwoben. Bilder, die vor allem immer wieder eines zeigen: Die Natur wandelt sich, alles fließt, und alles hat seine eigene Schönheit, die sich dem offenbart, der tief schauen kann.

Und wer tief schaut, sieht nicht nur diese Schönheit, sondern er sieht ebenfalls, dass er von dieser Schönheit nicht getrennt ist. Er ist ein wichtiger Teil dieser Welt, und ohne ihn wäre die Welt weniger bunt und schön.

Jeden Tag konnte ich sehen, wie zufrieden und glücklich Bobba war, genau hier und jetzt an diesem Ort zu sein. Er hatte mit großer Selbstverständlichkeit seinen Platz gefunden und eingenommen und sich dabei nie gefragt, ob er gut oder liebenswert genug sei, ob er vielleicht stören würde oder ob er das Recht habe, hier zu sein. All die Fragen, die so viele Menschen unglücklich machen, hatte er sich nie gestellt. Zwischen der Natur und ihm war kein Unterschied – und da nichts in der Natur überflüssig oder wertlos ist, musste auch Bobba nichts tun, um sich von seinem eigenen Wert zu überzeugen. Gleiches gilt auch von jedem einzelnen Menschen, nur tun wir uns oft schwer, diese Tatsache zu erkennen. Alan Watts, für mich einer der überzeugendsten Lehrer der östlichen Weisheit, sagt:

> Denn aus der richtigen Perspektive betrachtet,
> sind wir alle ebenso außergewöhnliche Naturphänomene wie Bäume,
> Wolken, die Muster fließenden Wassers, das Flackern von Feuer,
> die Anordnung der Sterne am Himmel und die Form einer
> Milchstraße. Wir alle sind genau so wie all die erwähnten Phänomene,
> und so, wie wir sind, ist mit uns alles in Ordnung.[17]

Um diese Zusammenhänge wirklich zu verstehen, sie wirklich zu fühlen und ihnen nicht nur intellektuell zuzustimmen, gibt es meiner Erfahrung nach kaum eine bessere Methode, als mit einem Hund

zusammenzuleben und gemeinsam mit ihm zu meditieren. Aus dem einfachen Herumsitzen im Park und der gelassenen Beobachtung der Natur können wir alles lernen, was wir für ein gelingendes und glückliches Leben benötigen. Genau hier, auf der abgewetzten Parkbank, können wir uns vom bloßen Dasein unseres vierbeinigen Begleiters immer zum jetzigen Augenblick zurückführen lassen, in dem sich alles – auch wir selbst – genau so entfaltet, wie es seiner Natur entspricht.
Umgeben von Bäumen und den Geräuschen des Windes, dem Schmatzen unseres zufriedenen Fellfreundes und dem Zwitschern der Vögel, ruhen wir zufrieden im ursprünglichen Tao – jeder Atemzug verbunden mit allem, was sich jetzt gerade zeigt.
Und während wir dort einfach sitzen und nichts tun, nichts erreichen wollen, nichts hinterherrennen und uns selbst dabei als einen Teil der Welt sehen, der schlicht DA IST, erkennen wir: Wirklich zufrieden macht uns nur Zufriedenheit.

Meister Ryokan beschreibt sein einfaches Leben mit Worten, die wie eine Mahnung an unsere moderne Welt klingen und die viel über die Haltung der Zufriedenheit verraten, mit der er durch die Welt ging:

> Meine Hütte liegt mitten in einem dichten Wald;
> Jedes Jahr wächst der Efeu höher,
> Keine Neuigkeiten von den Angelegenheiten
> der Menschen,
> Nur gelegentlich das Lied eines Holzfällers.
> Die Sonne scheint, und ich flicke meine Robe;
> Wenn der Mond hervorkommt, lese ich

> **buddhistische Gedichte.**
> **Ich habe nichts zu berichten, meine Freunde.**
> **Wenn ihr den Sinn herausfinden wollt,**
> **dann hört auf, hinter so vielen Dingen herzujagen.**[18]

Der Gedichtband, aus dem diese Zeilen stammen, hat einen Titel, der Ryokans Einfachheit und seine nahezu völlige Besitzlosigkeit unterstreicht: *Eine Schale, ein Gewand.* Dieser Titel fiel mir immer ein, wenn ich mit Bobba in eine andere Wohnung umzog. Während ich zig Kisten mit Büchern, Klamotten, Geschirr und anderem Kram füllte, waren seine Habseligkeiten recht schnell verpackt. Sein ganzer Besitz bestand aus einem Futter- und einem Wassernapf (den er so gut wie nie anrührte, weil das Wasser in Pfützen einfach nach mehr schmeckte), einem Quietschball, einem Frisbee und einer Decke. Irgendwie niedlich, oder? Wenn meine Arme bei einem Umzug vom Kistentragen immer länger wurden, wünschte ich mir oft, wie er oder Ryokan zu sein. Und wie es Bobbas unnachahmliche Art war, unterstützte er mich auch in diesem Wunsch.

Ich hatte von meinem Onkel, der es als Einziger der gesamten Familie zu bescheidenem Wohlstand gebracht hatte, aus seinem kleinen Hotel einen alten Ohrensessel geschenkt bekommen. Ein riesiges, aber wunderschönes Ungetüm. So eine Art Möbelstück, wie sie heute nirgendwo mehr hergestellt werden. Wunderbares Holz, ein schöner dunkelgrüner Stoff, eine Polsterung, die auch nach dreißig Jahren im Hoteleinsatz immer noch wie neu war. Dieser Sessel war mein kostbarstes Möbelstück und nahm sich zwischen den Ikea-Regalen, mit denen ich sonst meine Wohnung bestückt hatte, reichlich seltsam aus.

Aber ich liebte diesen Sessel. Es gab nichts Besseres, als es sich darin gemütlich zu machen und ein gutes Buch zu lesen. Sie ahnen vielleicht schon, wohin diese Erzählung führt, und ich möchte betonen, dass Bobba bis dahin noch nie irgendetwas kaputt gemacht hatte. Er war ein Ausbund an gutem Benehmen, ein englischer Gentleman in einem Hundekörper und mit einem reichen Erfahrungsschatz an buddhistischen Lehren.

Eines Tages jedoch, als ich mir doch mal wieder die Uni von innen angesehen und das alles ein wenig länger gedauert hatte als geplant, kam ich nach Hause zurück und musste feststellen, dass in meiner Abwesenheit offensichtlich die Reiterhorden Dschingis Khans in meine Wohnung eingefallen waren und mein tapferer Hund diesen Zwischenfall nur dank seines unglaublich guten Karmas überlebt hatte. Begrüßte er mich sonst immer an der Tür, saß er nun siegessicher im Wohnzimmer inmitten von lauter kleinen dunkelgrünen Stofffetzen. Vom Sessel waren nur noch ein Holzgerüst und die Sprungfedern übrig. Ich muss sagen, da hatte jemand wirklich ganze Arbeit geleistet. Alles, was sich mit Hilfe von Zähnen und Pfoten vom Sessel abreißen ließ, lag verteilt in der halben Wohnung herum. Kein Teil des Bezugs und der Polsterung war größer als meine Handfläche geblieben. Dementsprechend stolz war Bobba auf seine Leistung. Er war etwas erschöpft, was ja auch kein Wunder war, aber ansonsten guter Dinge. Hechelnd und grinsend saß er vor den kläglichen Überresten meines Lesesessels und sah mich an – unschuldig wie ein kleines Lämmchen.

Ich fragte mich, was er bloß in meiner Abwesenheit gemacht hatte. Hatte er gespielt, dass der Sessel ein Mammut sei und er ein Säbelzahntiger? Hatte er als vierbeiniger Pirat das feindliche grüne Schiff geentert

und war dabei in einen Blutrausch geraten? Hatte er vorsichtig und verstohlen an einer Ecke zu knabbern begonnen und dann Gefallen an dem Hervorquellen der Polsterung gefunden, bis plötzlich – huch! – nichts mehr übrig war von einem Möbelstück, das doppelt so schwer war wie er selbst? Ich konnte es mir nicht erklären. Fassungslos stand ich in meinem Wohnzimmer.

Mit einem Hund zu schimpfen, nachdem seine Tat schon ein paar Stunden her war, oder ihn irgendwie zu bestrafen hielt ich für sinnlos. Was sollte das bringen? Er war wahrscheinlich selbst ganz überrascht gewesen, dass so ein kleiner, harmloser Scheinangriff seinerseits das grüne Monster so schnell in die Knie gezwungen hatte.

Zumindest der nächste Umzug würde leichter werden, dachte ich – und nachdem ich die Reste des Sessels bis zum nächsten Sperrmüll in den Keller geräumt hatte, war auch deutlich mehr Platz im Wohnzimmer. Ganz angenehm eigentlich.
»Siehst du? Alles richtig gemacht.«
So konnte nur jemand denken, zu dem der Begriff des Besitztums noch nicht vorgedrungen war. Hätte ich mich in den Hulk verwandelt und aus Rache seinen Napf zertrümmert, hätte er ebenso gleichmütig reagiert.
»Dann esse ich direkt vom Teppichboden, kein Problem!«
Also ging ich einfach mit ihm in den Park und hoffte, dass dieser Vorfall ein einmaliges Vergnügen bleiben würde. Wir spielten mit seinem Frisbee, und Bobba zeigte mir, dass er trotz Sesselabenteuer noch über erstaunliche Energiereserven verfügte. Er rannte wie ein Irrer, bis ihm plötzlich einfiel, dass er sehr, sehr großen Durst hatte. Mit dem Frisbee im Maul lief er zum Bach und trank etwas, wobei ihm natürlich das Frisbee entglitt und im Schlamm am Grund des Baches versank. Interessant zu sehen, wie doof er gucken konnte. Interessant allerdings auch, wie schnell er sich mit seinem Verlust abfand. Es war ohnehin Zeit, sich auszuruhen, und so saßen wir bald wieder in der Nachmittagssonne und dösten vor uns hin. Wie Raymond Smullyan so treffend sagt, scheinen Hunde »von morgens bis abends geradezu im Tao zu schwimmen«[19] – und Bobba stellte gerade wieder einmal unter Beweis, dass dem tatsächlich so war. Sowohl Sessel als auch Frisbee gehörten der Vergangenheit an, und es gab keinerlei Bedauern in Hinblick auf Dinge, die man nicht mehr ändern konnte. Genauso wenig machte er sich Gedanken darum, ob ich morgen wohl losziehen und

ihm ein neues Frisbee kaufen würde. Und wenn er Taschengeld bekommen hätte, wäre er auch sicherlich nicht auf die Idee gekommen, mir einen neuen Sessel zu besorgen. Das Morgen interessierte ihn ebenso wenig wie das Gestern. Wichtig war jetzt, mit mir zusammen zu sein, mit seinem besten Freund, der sich auf der Parkbank entspannte, während er einfach den auf den Grashalmen schaukelnden Insekten zuschaute.

Mein Atem kam und ging, ganz von allein, ich musste nichts dafür tun. Meine Bauchdecke hob und senkte sich im Rhythmus meines Atems, mein Herz schlug, zwei Enten schwammen schnatternd vorbei. Ich spürte die Wärme der Luft, die leichte und angenehme Brise, die den Duft von Flieder mit sich trug.

In diesem Moment war alles in Ordnung. Alles war genau dort, wo es hingehörte, und ich war im wahrsten Sinne besitzlos: Ich griff nach nichts, strebte nichts an, wollte niemand anders sein, als ich gerade war. Bobba blinzelte mir zu: »Wirklich zufrieden macht uns nur Zufriedenheit. Und vielleicht ein Eimer voll Hühnerherzen!«

Wirf den Ball!

Das Leben ist kein Leiden

Der Hund ist
der Gott der Ausgelassenheit.

HENRY WARD BEECHER

MIT ANFANG ZWANZIG ist man, wenn man sonst schon nichts ist, Existenzialist – das gehört sich so. Man stemmt sich gegen eine Welt erdrückender Sinnleere, meint, alles, was gut und richtig im Leben ist, selbst erschaffen zu müssen. Wenn sich dann zu Sartre, Camus, Beauvoir und Onkel Heidegger auch noch Lacan gesellt und einem die eigene Liebesbeziehung im kalten Licht der Psychoanalyse entgegenstarrt, professionalisiert man das Scheitern konsequent.

Da kommt der Buddha gerade recht. Jedenfalls solange man nicht weiß, worum es bei dieser ganzen Meditationssache eigentlich geht. Robert Thurman hat das so zusammengefasst:

> Die buddhistischen Lehren werden oft missverstanden.
> Sie werden falsch übermittelt, so als hätte sich der Buddha mit
> all den Miesepetern einig gewusst, ja als wäre er der Oberste aller
> Miesepeter gewesen. »Das Leben ist Leiden«, soll er gesagt haben,
> »also sieh zu, dass du ihm entkommst.« Wie trostlos und trübselig!
> Doch in Wahrheit hat uns der Buddha definitiv nicht zu einem
> unausweichlichen Los der Trübsal und des Unglücks verdammt.
> Ganz im Gegenteil: Er entdeckte und verkündete, dass die
> vollkommene Freiheit vom Leiden – außerordentliche
> und dauerhafte Freude – jedem Lebewesen möglich ist.[20]

»Das Leben ist Leiden« ist nur die erste der vier edlen Wahrheiten, die der Buddha formulierte. Wenn man sie für sich stehen lässt, scheint es, als wäre der Dharma nur ein weiterer nihilistischer Eskapismus: Die Welt ist ein mieser Ort, und letztlich führt alles nur zu Leiden. Also bloß weg hier! Doch es sind *vier* Wahrheiten und nicht nur eine – und um zu verstehen, was der Buddha wirklich meinte, sollte man alle vier Aussagen gemeinsam betrachten. Dann merkt man schnell, dass hier keine Dogmen aufgestellt werden, sondern dass es vielmehr darum geht, die Bewegung des Lebens anzuerkennen, und dass wahre Freiheit darin besteht, dieser Bewegung zu folgen und sich nicht geistig gegen sie zu stellen.
Die zweite Aussage, die der Buddha machte, betraf die Entstehung des Leides, die dritte drehte sich darum, dass es einen Weg gebe, das Leiden aufzuheben, und die letzte der vier edlen Wahrheiten betrifft den Weg, auf dem diese Aufhebung des Leides geschehen kann. Was der Buddha also lehrte, war nicht das Leiden, sondern ein Weg aus unnötigem Leiden heraus und in die Freiheit hinein.

Ich möchte Sie hier jedoch nicht mit einer theoretischen Darstellung der buddhistischen Grundlehren langweilen. Worauf ich nur nachdrücklich hinweisen möchte, ist, dass der Buddha mit seinen Aussagen keine Glaubenssätze aufstellen wollte, auch wenn der Begriff »vier edle Wahrheiten« suggerieren mag, dass es sich hierbei um solche handele. Der Buddha selbst, der sich nicht als irgendetwas Besonderes, sondern als ganz normalen Menschen ansah, hat seine eigenen Erkenntnisse bestimmt nicht als »edle Wahrheiten« bezeichnet, um jede etwaige Kritik mit dem ehrfurchtgebietenden Wort »edel« gleich im Keim zu ersticken. Solche Formulierungen sind ganz klar spätere Entwicklungen, als eine Mönchskaste den Buddhismus professionalisiert hatte und Widerspruch – wie bei allen Religionen – nicht sehr erwünscht war.

Doch zurück zum Thema: Was der Buddha sagte, war also nicht: »Das Leben ist grundsätzlich Leiden«, sondern eher: »Im Leben wird man leidvolle Erfahrungen nicht gänzlich vermeiden können.« Oder: »Irgendwann wird jeder Mensch in seinem Leben Angst oder Schmerz empfinden.« Dann fährt er damit fort zu zeigen, dass es vor allem unsere Anhaftung an gewisse Vorstellungen ist, die uns leiden lässt. Vorstellungen von uns selbst, Vorstellungen, wie das Leben unserer Meinung nach zu laufen habe, Vorstellungen von der Welt, wie wir sie uns wünschen. Wenn wir von diesen Vorstellungen ablassen können und die Welt so sehen können, wie sie ist, werden wir immer noch Schmerz erleben, wir werden alt, wir werden krank, und wir sterben – aber wir werden daran nicht leiden, sondern in der Annahme all dessen Freiheit erfahren. Anders herum gesagt: Wenn wir meinen, ewig jung bleiben zu müssen, damit uns jemand wertschätzt, wird das unvermeidliche Altern unseres Körpers uns leiden lassen. Sollten wir meinen, unsterblich zu sein, werden uns gewisse Auflösungsprozesse als der blanke Horror erscheinen.

Der Buddha ging einfach davon aus, dass jedes Leiden überwunden werden könne, wenn man es untersuchte, es wirklich ansah und verstand, woher es rührte.

Es gibt dieses geflügelte Wort »Er leidet wie ein Hund«, an dessen Unstimmigkeit man das Phänomen des Leids vielleicht besser erklären kann. Diese Aussage ist nämlich absoluter Blödsinn! Ein Hund leidet überhaupt nicht. Ein Hund hat Schmerzen, wenn er in eine Glasscherbe getreten ist, aber er leidet nicht in der Form, dass er sich nach der Verletzung tagelang fragt: »Warum ich? Warum nur, Gott? Was habe ich getan, dass ich solch ein Unglück verdient habe? Hätte ich nicht die Wurst vom Frühstückstisch klauen sollen? Hätte ich den Zeugen Jehovas, der an unserer Tür klingelte, etwa doch nicht beißen sollen?«
Er wird sich auch nicht grämen, weil er ein paar Tage lang humpelt oder einen Verband tragen muss. Er wird sich nicht fragen, ob die Pudeldamen im Park ihn nun weniger attraktiv finden werden oder ob seine Karriereaussichten bei der Hundestaffel jetzt geschmälert sind. All das interessiert ihn nicht. Er hat in diesem Moment Schmerzen, aber das war's auch schon!
Er hat kein menschliches Ego, das sich gekränkt oder gedemütigt fühlen könnte. Und er hat keine Vorstellung davon, wie sein Leben aussehen soll – er weiß lediglich, wie sein Leben ist, wie sein Leben sich in diesem Augenblick konkret anfühlt. Im nächsten Augenblick wird sich dieses Leben und das Gefühl davon bereits gewandelt haben. Diesen

Wandel zu akzeptieren ist die Lebenskunst, die sich im Buddhismus und frühen Taoismus zeigt. Das Tao – unser Leben – ist wie ein Fluss, der unaufhörlich fließt: Entweder man lässt sich von diesem Fluss ohne Anstrengung zum großen Meer des Seins tragen, oder man kämpft gegen die Strömung an, erschöpft sich und leidet daran, dass einen irgendwann die Kräfte verlassen und man sich dem Fluss ohnehin ergeben muss.

Alan Watts schreibt in seinem exzellenten Buch *Vom Geist des Zen* folgende Zeilen hierzu:

> Es ist der Lauf der Natur, das Prinzip, das den Wechsel herbeiführt und regiert, der unablässige Fortgang des Lebens, das keinen Augenblick stillehält. Dem Taoismus gilt dasjenige, was absolut stillsteht oder absolut vollkommen ist, für absolut tot; denn ohne die Möglichkeit von Wachstum und Wechsel kann es kein Tao geben. In Wirklichkeit findet sich in der ganzen Welt nichts, was ganz vollkommen wäre oder völlig stillstände. Nur im menschlichen Denken sind solcherlei Vorstellungen aufgekommen, und es sind just jene Vorstellungen, die (…) dem menschlichen Elend zugrunde liegen. Denn der Mensch klammert sich an Dinge, in der eitlen Hoffnung, sie möchten unverändert (…) bleiben; er mag sich mit dem tatsächlichen Wechsel nicht abfinden; er will dem Tao seinen Lauf nicht lassen.[21]

Wenn Watts hier von der »eitlen Hoffnung« spricht, kann man dies ruhig wörtlich nehmen, denn es ist tatsächlich die menschliche Eitelkeit, die all das Anhaften und damit all das Leid hervorbringt. Wer sich selbst für das Zentrum des Universums hält, für die Krone der Schöpfung, und eigentlich ständig damit beschäftigt ist zu fragen: »Und was ist mit mir?«, dem fällt es naturgemäß schwer zu akzeptieren, dass gewisse Dinge außerhalb seiner Kontrolle liegen und sich nicht so entwickeln, wie er sich dies wünscht.

Hunde haben diese Eitelkeit nicht. Sie gehen gänzlich in der Welt und ihrem steten Wandel auf, fühlen sich nicht so wie wir abseits von ihr. Sie beherrschen die große Kunst, die Dinge so zu nehmen, wie sie kommen. Es gibt sogar eine verschworene Geheimgesellschaft unter den Hunden dieser Welt, die diese Kunst perfektioniert haben und sie dem, der zu sehen vermag, vorleben: die dreibeinigen Hunde! Es gibt etliche Hunde, denen der Krebs oder ein Autounfall ein Bein abfordert. Doch diese Tiere haben den Weg des Tao oder die Lehren des Buddha, die aus dem Leid in die Freiheit führen, auf einer sehr tiefen Ebene verstanden. Anstatt zu verzweifeln, hüpfen sie nach relativ kurzer Genesungszeit einfach auf drei Beinen durch die Gegend. Es fühlt sich anders an, aber der Spaß bleibt derselbe! Wer jemals solche Hunde beobachtet hat, wird mir zustimmen, dass man ihnen fast nichts anmerkt, ihre Lebensfreude ungebrochen ist und man zuweilen zweimal hinsehen muss, um festzustellen, dass ihnen in der Tat ein Bein fehlt.

Wirf den Ball! – Das Leben ist kein Leiden

Ein Hundekörper ist nicht unverwüstlich, ein Hundegeist schon! Ein Hund kann im wahrsten Sinne des Wortes *Selbst-los* handeln. Er hat kein Ego, was gehätschelt und dem täglich die eigene Wichtigkeit vermittelt werden muss. Ohne die Vorstellung eines unveränderlichen Ichs findet das Leiden kein Opfer – hier ist es eher so, dass sich ein weiter Raum öffnet, in dem Freude sich absichtslos entfalten kann. Hunde wissen das, ebenso wie Laotse, Tschuang-tse oder der Buddha, Huangpo und Hanshan.

In den eher volkstümlichen Legenden des Buddhismus heißt es ja, der Buddha habe sich im Gegensatz zu uns an all seine vorherigen Inkarnationen erinnern können. Und auch vor seiner endgültigen Erleuchtung wird er schon Momente erlebt haben, in denen sein Ego beiseitetrat und einer grundlosen Freude Platz machte. Der Buddha war kein Miesepeter, wie Robert Thurman zu Beginn dieses Kapitels richtig feststellte. Bestimmt erinnerte er sich an ein vergangenes Leben als Hund, irgendwo in einem Dorf, wo die Kinder Hunde liebten und mit ihnen den halben Tag Ball spielen konnten. Es gibt kaum etwas auf dieser Welt, wo sich Freude einen so schönen unverstellten Ausdruck verschafft wie im Spiel eines Hundes. Ich wette, der Buddha kannte das aus eigener Erfahrung.

Wenn man beobachtet, wie ein Hund so durch die Gegend brettert und ungebremst die Schnauze in die Grasnarbe rammt, um einen kleinen quietschenden Ball zu erwischen und ihn freudestrahlend Herrchen oder Frauchen zurückzubringen, kann man das Leben nicht als Leiden betrachten, sondern sieht die Befreiung in einer ihrer schönsten Verkörperungen.

»Das Leben ist Leiden« wirkt dann eher wie ein schlecht gelaunter Werbeslogan eines buddhistischen Bestattungsunternehmens.

Wenn Bobba Ball spielte, dann war er der Ball, er war das Laufen, die Bewegung, das Fangen, das Wiederwerfen, die aufgewühlte Erde, das Hecheln, die pure Freude, die Hand des Menschenkumpels, der Sabber im Tennisballfilz. Und das ist das Geheimnis!
Bobba konnte mir zeigen, wie es ist, in einer Handlung völlig aufzugehen, sich gänzlich zu vergessen, im wahrsten Sinne des Wortes »ichlos« zu sein. Werfen, Rennen, Fangen waren für ihn eins. Er wollte seine Sache nicht besonders gut machen, er wollte nur seiner Freude folgen. Natürlich kann das für die menschliche Wurfmaschine eines solchen vierbeinigen Balljunkies etwas anstrengend werden – und wenn Sie erst mal mit einer Entzündung der Rotatorenmanschette Ihrer Schulter beim Orthopäden sitzen, werden Sie wissen, was ich meine ...
Aber der Hund hat einfach Spaß!
Dieser Spaß dauert genau so lange, wie er dauert. Irgendwann ist der Hund müde, oder etwas anderes fesselt seine Aufmerksamkeit. Ohne Bedauern wird der Ball liegen gelassen: Der jetzige Moment ist anders als der Moment zuvor. Nicht besser, nicht schlechter, nur anders. Das Tao hat sich gewandelt und eine andere Form angenommen. War es eben noch ein hüpfender, fliehender und wehrloser Ball, ist es jetzt ein Schinkenbrot in der Hand eines fremden Spaziergängers.

Die Entfaltung des Tao, das Wesen des Zen – dieser Fluss des Lebens scheint selbst spielerisch zu sein, sich selbst nicht allzu ernst zu nehmen, einfach zu fließen, wie es ihm gefällt, sich immer wieder zu wandeln, mal ruhig, mal reißend zu sein und nichts dagegen zu haben, sich im

Wirf den Ball! – Das Leben ist kein Leiden

Meer aufzulösen, da er doch durch die Wolken, den Regen und die Quelle wiederkehren wird.

Der gute, alte Ryokan hatte das auch verinnerlicht, wenn er mit Wollbällen in den Ärmeln durch die Dörfer zog und mit den Kindern herumalberte:

> Spielend, ja spielend,
> Durchquere ich diese fließende Welt:
> Hier, wo ich mich befinde,
> Ist es da nicht gut,
> Die bösen Träume
> anderer Menschen zu zerstreuen?[22]

Meine bösen Träume zerstreute Bobba auf jeden Fall. Wann immer ich zu viel grübelte, war er zur Stelle, um von irgendwoher einen Ball hervorzuzaubern und sich als Spielgefährte zur Verfügung zu stellen. Als meine Beziehung durch meine eigene Schuld zerbrach, machte nur ich mir Vorwürfe – er war bereit, mit mir und seinem Frisbee in den Park zu gehen, auch wenn er es kurzzeitig seltsam fand, dass jemand aus seinem Rudel seine Sachen packte und verschwand.

Da ihm sowohl Selbstvorwürfe als auch ein beleidigtes Ego oder enttäuschte Erwartungen fremd waren, gab es nichts, was seine Frohnatur bremsen konnte.

Der Umzug von einer Fünf-Zimmer-Wohnung in ein Ein-Zimmer-Apartment juckte ihn ebenso wenig wie schlechtes oder gutes Wetter. Als ich mein Studium endgültig abbrach und mir den Kopf zermarterte, was ich nun beruflich tun wollte, war er eher daran interessiert, mit mir Packen zu spielen. Als ich überraschenderweise den besten Job der Welt angeboten bekam und sich alles zum Guten zu wenden schien, wollte er tauziehen. Aber so richtig volle Pulle!

Die Dinge wandelten sich lediglich, und das war für ihn absolut in Ordnung. Er tauschte bereitwillig seinen Platz unter meinem Küchentisch mit einem Platz unter dem Schreibtisch meines neuen Büros. Ich schaute ihn an, wie er dort lag und friedlich schnarchte. Und mir wurde bewusst, dass er sich zu keinem Zeitpunkt besonders wichtig nahm – und dass er deshalb wohl das glücklichste Wesen der Welt war.

Ich erinnerte mich an Worte von Alan Watts, die sein Kapitel über die Praxis der Meditation in seinem Standardwerk *Zen – Stille des Geistes* eröffnen:

Ich mag ehrlich sein, aber ich bin nie ernst,
und ich glaube auch nicht, dass das Universum besonders ernst ist.
Probleme entstehen in der Welt hauptsächlich deshalb, weil viele sich

> sehr ernst nehmen, statt spielerisch mit den Dingen umzugehen.
> Es ist ja auch kein Wunder, dass man sehr ernst wird, wenn man
> etwas für unglaublich wichtig hält. Nun hält man Dinge
> im Grunde nur dann für so wichtig, wenn man Angst hat,
> sie zu verlieren.[23]

Je mehr ich mit Bobba spielte, je mehr ich mich auf dieses offene und weite Sein einließ, desto klarer wurde mir, dass es nichts zu verlieren gab. Wie auch immer der Wandel aussah, es gab immer die Möglichkeit, mit den neuen Gegebenheiten zu spielen und das Leben einfach mit staunenden Augen zu betrachten.

Ein Ball, ein Frisbee oder ein paar Stöcke ließen sich immer auftreiben …

Jeder Tag ein neuer Tag

---

*Nichts von dem, was wir hören oder sehen, ist vollkommen.
Aber da, mitten in der Unvollkommenheit,
ist die vollkommene Wirklichkeit.*

SHUNRYU SUZUKI

MAN SAGT, IM UMGANG mit einem Hund könne man auch dann, wenn man mal einen Fehler gemacht hat, jeden Tag von vorn beginnen. Das ist sicherlich richtig, liegt aber meines Erachtens weniger daran, dass Hunde sich an die Fehler von gestern nicht mehr erinnern, sondern daran, dass ihre Herzen größer als unsere sind und ihre Fähigkeit zu vergeben stärker ausgeprägt ist. Um das zu lernen, müssen sie nicht einmal sonntags in die Kirche gehen und sich einschläfernde Predigten anhören oder seltsame Lieder singen. Dieses weite und offene Herz ist ihnen angeboren, ebenso wie ihre Gabe, nahezu alles zu verzeihen. Was immer auch einem Hund geschieht, er ist in der Lage, den neuen Tag wie ein weißes Blatt Papier zu sehen, auf dem erst heute etwas geschrieben wird. Es gibt leider viel zu viele Hunde, die angeschrien oder gar geschlagen werden und die dennoch immer wieder Vertrauen zu ihrem Halter oder zu neuen Menschen fassen können. Dass sie sich aber trotzdem genau erinnern, zeigt sich, wenn eine traumatische Erfahrung sich in ihren Augen wiederholt und sie entsprechend reagieren.

Auch Bobba hatte wohl solche Erfahrungen gemacht, und eines Tages löste ich unbeabsichtigt eine Reaktion aus, die ihn beinah ins Jenseits befördert hätte.

Es war später Nachmittag an einem trüben Herbsttag, und ich wollte noch schnell eine Runde mit Bobba gehen, bevor es endgültig dunkel wurde. Da es schon den ganzen Tag über immer wieder mal geregnet oder genieselt hatte, nahm ich den Regenschirm mit, der neben meiner Tür lehnte. Ich selbst besaß überhaupt keinen Regenschirm, dachte mir aber, dass ihn wohl ein Besucher vergessen hatte, und war ganz froh, ihn jetzt zur Verfügung zu haben.

Bobba und ich schlenderten los und schlugen uns an diesem Tag auf die andere Seite des Parks, die näher zur Hauptstraße lag. Während ich mich auf den Wegen hielt, rammte Bobba wie üblich seine Nase wie ein kleines Trüffelschwein in den Boden und lief in Zickzacklinien schnüffelnd durchs Unterholz. Eigentlich schaute er dann immer wieder nach mir. Alle dreißig Sekunden hob er seinen Kopf und versicherte sich, dass sein Schüler ihm folgte. An diesem Tag aber bekam er irgendetwas in die Nase, was ihn völlig in den Bann zog. Vielleicht war hier tagsüber eine läufige Hündin entlanggekommen, vielleicht hatte auch die Einkaufstüte eines Spaziergängers das Duftmolekül eines Schnitzels hinterlassen, ich weiß es nicht.

Auf jeden Fall interessierte ich ihn plötzlich gar nicht mehr, und er war vollständig von seiner Forschungsmission absorbiert. Da es aber nun wirklich immer dunkler wurde, wollte ich zurück und rief ihn. Während er sonst angesprungen kam und dabei einen Stock oder eine tote Taube mitbrachte, reagierte er nun gar nicht. Nachdem ich ihn zehn- oder zwanzigmal gerufen hatte, wurde es mir langsam zu blöd, und ich beschloss, zu ihm zu gehen und ihm mal vorsichtig auf die Schulter zu tippen, um dann in gespielter Enttäuschung mein weises Haupt zu schütteln. Ein brillanter Plan!

Ich ging also eher schnellen Schrittes auf ihn zu, als er den Kopf hob, mich ansah und mit einem panischen Ausdruck im kleinen Hundegesicht vor mir in Richtung Hauptstraße davonrannte. Ich flitzte hinter ihm her, denn zu dieser Zeit herrschte dort viel Verkehr: Autos, Fahrräder und S-Bahnen wuselten durcheinander, und ich wollte unbedingt verhindern, dass Bobba dort hineingeriet.

Bobba war aber nicht nur ein Trüffelschwein, sondern auch ein flinkes Wiesel. Ihn einzuholen war fast unmöglich. Ich rannte, so schnell ich konnte, doch er war einfach schneller. Als er die Straße erreichte, sprintete er aber nicht hinüber auf die andere Seite – was schon schlimm genug gewesen wäre, jedoch glimpflich hätte ausgehen können –, sondern rannte nur bis zur Mitte, um dann abzubiegen und in der Mitte der Straße den S-Bahn-Gleisen entlang weiter stadtauswärts zu laufen.

Ich versuchte, ihm zur Straßenmitte zu folgen, doch es waren einfach zu viele Autos dort. Dämmerung, Nieselregen, Hupen, Panik meinerseits. Ich rannte auf dem Bürgersteig hinter ihm her, konnte dann zur Straßenmitte vordringen und setzte meinen Weg auf den Gleisen hinter ihm fort. Was, wenn jetzt eine S-Bahn angerauscht käme? Immer wieder schaute er sich angstvoll nach mir um. Ich überlegte krampfhaft: »Was ist anders? Was zum Henker ist heute anders als sonst?« Und dann fiel es mir ein: der Schirm! Kurz entschlossen schmiss ich ihn fort (fragen Sie mich nicht, wohin, ich weiß es nicht mehr!) – und als Bobba sich das nächste Mal zu mir umdrehte, hielt er an und wartete hechelnd auf mich. Erleichtert schloss ich ihn in die Arme, als ich bei ihm ankam. Ich glaube, ich heulte, aber genau weiß ich das nicht mehr. Ich drückte ihn an mich und streichelte ihm immer wieder über seinen Kopf und seine Flanken. Sein Herz schlug mindestens genauso schnell und heftig wie meins.

Ich wartete eine Lücke im Verkehr ab und führte ihn zurück auf den Bürgersteig. Er war wieder ganz der Alte und trottete brav neben mir her.

Ich konnte mir dieses Verhalten nur so erklären, dass irgendeiner seiner Vorbesitzer ihn wahrscheinlich mal mit einem Regenschirm geschlagen hatte oder er eine andere finstere Erinnerung in Zusammenhang mit einem Schirm hatte. Ihm fehlte auch ein Backenzahn, was bei einem solch jungen Hund schon recht ungewöhnlich ist. Vielleicht hatte er eine so schlimme Erfahrung gemacht, dass er bei meinem Anblick, wie ich mit einem Regenschirm in der Hand energisch auf ihn zutrat, in einen kaum mehr zu kontrollierenden Angstzustand geriet und lieber die Flucht ergriff.

Ich fasste jedenfalls nie wieder einen Regenschirm an – wozu gab es schließlich Mützen und Kapuzen? Und Bobba hatte nie wieder Angst in seinem Leben.
Am nächsten Tag kaufte ich ihm dann ein Halsband und eine Leine. Einfach nur zur Sicherheit, dachte ich. Allerdings konnte ich das ihm gegenüber nicht so recht überzeugend argumentieren. Als ich ihm das Halsband anlegte, war er alles andere als begeistert, ließ sich dann aber mir zuliebe darauf ein. Vielleicht erging es ihm wie so manchem kaufmännischen Angestellten, dessen Krawatte auch nur ein Zugeständnis an Konventionen ist.

Genau wie Menschen haben auch Hunde ihre Geschichte. Sie ist ebenso wenig wie unsere ein immer gleiches, einmal aus dem Nichts entstandenes Konstrukt, das unverändert so bleibt, wie es ist, und stets mit sich selbst identisch ist. Auch Hunde werden geformt von Erfahrungen – guten wie schlechten – und bringen diese mit. Alle Kuscheleinheiten, die sie jemals genossen haben, sind ebenso Teil von ihnen wie schlimme Erlebnisse mit Regenschirmen und Idioten. Bobba war nicht einfach Bobba, sondern der Bobba, der mit all diesen Dingen aus Vergangenheit und Gegenwart in Beziehung stand.
In ebendieser Weise sind wir abhängig entstanden, nicht losgelöst von der Welt ringsumher. Thich Nhat Hanh vergleicht diese buddhistische

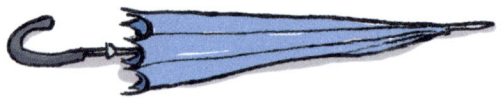

Einsicht in seinem Buch *Die Sonne, mein Herz* mit der Bootstrap-These der theoretischen Physik, die besagt, »dass die Existenz jedes Dinges und jedes Lebewesens von der Existenz jedes anderen Dinges und jedes anderen Lebewesens im Universum abhängig ist«. Diese Theorie komme »dem, was im Avatamsaka Sutra beschrieben wird, sehr nahe: Eins ist alles, und alles ist eins«.[24]

Diese Weltsicht unterscheidet sich deutlich von unserer westlichen Art, die Welt zu betrachten und sie dabei in Einzelteile zu zerlegen. Unsere Ideen der absoluten Eigenständigkeit, der unveränderlichen Seele, des oft völlig übersteigerten Individualismus, der Erkenntnis durch Analyse und auch des »Wir gegen alle« werden hier konsequent hinterfragt.

Bobba erinnerte sich an den Schirm und floh in Panik. Als der Schirm verschwand, fasste er aber wieder Zutrauen – anders als vielleicht manche Menschen mit traumatischen Erfahrungen, deren Angst sich durch ihr Denken und ihre Fantasie selbstständig macht und auch auf andere Dinge und Situationen richtet. Bei Bobba war die Erinnerung an den Schirm negativ besetzt, aber er verlor sich nicht im Nachdenken über sein Leiden und projizierte es somit auch nicht auf andere Dinge wie Stöcke, Baseballschläger, Drumsticks oder Eistüten (nein, ganz gewiss nicht!). Er ging auch nicht davon aus, dass jeder ihn schlagen würde, sondern machte alles an dem einen Gegenstand fest. Bei Menschen ist es oft so, dass sie eine schlechte Erfahrung auf alle möglichen anderen Situationen übertragen: Ein Unfall auf einem Kinderkarussell hindert sie dann daran, in eine Achterbahn, ein Auto oder ein Flugzeug zu steigen.

Für Bobba begann jeder Tag als ganz neue Möglichkeit der Erfahrungen. Die Sonne ging auf und erhellte eine neue Welt. Auch wenn ich ihn gestern offenbar mit einem Regenschirm und finsteren Absichten verfolgt hatte, lag er heute schon wieder neben mir und schlief friedvoll mit dem Kopf auf meinem Knie.

Ich war mehr als froh, dass Bobba fähig war, jeden Tag als Neuanfang zu sehen. Manchmal brachte diese Gabe allerdings auch recht seltsame Verhaltensweisen hervor, zum Beispiel immer dann, wenn es um kulinarische Genüsse ging.

Die meisten Zen-Lehrer hatten irgendwelche Laster, die sie freudig umarmten und als Teil ihres Lebens annahmen. Wie Ikkyu Sojun (1394–1481) von sich selbst sagte: »Dieser Dichter ist ein halb ertrunkener Schwimmer in einem Fluss voller Sake«[25], hätte Bobba eine Beschreibung seines Daseins vielleicht so formuliert: »Dieser Hund ist ein fast platzender Irrer in einem Bällebad aus dem allerbesten Futter der Welt, muss sich aber jetzt beeilen, weil morgen schon eine Hungersnot ausbrechen könnte.« Beim Thema »Futter« versagte seine sonst so beispielhafte Gelassenheit vollständig, und er mutierte zu einer Fleischbrocken vernichtenden Fressmaschine. Wie ein felltragender Staubsauger stürzte er sich auf seinen Napf und inhalierte seine Portion, nur um danach sofort mit seinem Kopf hochzurucken und mich vorwurfsvoll anzusehen: »Ist das dein Ernst? Das soll schon alles gewesen sein?« Hätte ich ihm nicht seine Portionen zugeteilt und wäre er nicht solch ein aktiver Springinsfeld gewesen, ich glaube, er hätte irgendwann durch den Park rollen können. Bei dieser Vorstellung musste ich immer mit Erstaunen und Schaudern an den Hund meines Nachbarn denken, der in einem unbeaufsichtigten Moment die Schranktür aufbrach und sich an seinem Futtersack verging. Als mein Nachbar nach Hause kam, sah der Hund aus, als hätte er einen Medizinball verschluckt. Ich hätte ehrlich gesagt nicht gedacht, dass ein Hundekörper so dehnbar ist ... Bobba war – wie schon angedeutet – nicht viel besser. Und eines Tages bewies er mir, dass die schöne Idee des »Carpe diem« auch mal in die Hose gehen kann.

Nachdem es wieder einmal tagelang geregnet hatte – das tut es hier nicht selten, weshalb typische Westfalen eine unvergleichliche Resistenz gegen Depressionen entwickelt haben –, war der Bach im Park über die Ufer getreten, und die Wiesen, auf denen normalerweise die Hunde spielten, waren flache Seen oder eher Sümpfe. Das viele Wasser hatte dabei auch die Bauten unzähliger Mäuse geflutet, die elendiglich ertrunken waren und durch immer mehr Regen an die Oberfläche gespült wurden. Auf unserem Nachmittagsspaziergang entdeckte Bobba eine dieser armen Kreaturen und befand, dass sie eigentlich ganz lecker schmeckte. Dann entdeckte er eine weitere tote Maus, und noch eine und noch eine ... Wenn es einen Hund gab, der jemals dachte, das Schlaraffenland erreicht zu haben, dann war das Bobba. Im Nu stand er mitten auf der Wiese bis zum Bauch im Wasser und vertilgte Maus um Maus. Ich blieb am Rand der Wiese und machte mich wieder einmal zum Affen: Ich rief und rief, verlegte mich aufs Locken, dann aufs Betteln. Keine Reaktion. Zum Glück hatte er sein Halsband um, doch die Leine hatte ich wie meist zu Hause gelassen. Also drehte ich frustriert um und ging zurück, um gerechte Strenge walten zu lassen und die Leine zu holen. Als ich nach fünfzehn oder zwanzig Minuten zurückkam, war Bobba noch genau dort, wo ich ihn zurückgelassen hatte. Am Mäusesushi-All-you-can-eat-Buffet! Keine Ahnung, wie viele von den Viechern er hinuntergeschlungen hatte, aber er war offensichtlich in

Raserei verfallen. Wer wusste auch schon, ob die Mäuse nicht bereits beratschlagt hatten, auszuwandern und nie wieder an diesen Ort des nassen Schreckens zurückzukehren? Vielleicht würde sich diese Gelegenheit kein weiteres Mal ergeben! Also schnell noch einen der kleinen, grauen und kalten Körper heruntergewürgt, bevor der Spaß endgültig vorbei war!

Ich stapfte auf die Wiese, bekam klitschnasse Füße, leinte den Hund an, der mich überhaupt nicht zu bemerken schien, und zog ihn stoisch auf den Weg zurück. Herrschaftszeiten, war ich genervt! Bobba stemmte sich mir mit aller Kraft entgegen und wollte partout nicht von hier verschwinden: »Alter, die ganzen guten Mäuse …!«

Aber ich ließ mich nicht erweichen und schleppte ihn mehr nach Hause, als dass ich mit ihm zurückging. Dort angekommen, musste ich ihn erst mal grundreinigen und trocknen. Dann verbrachte ich den Rest des Nachmittags und Abends damit, seinem nahezu ständigen Aufstoßen zuzuhören. Lauthals rülpste er alle zwei Minuten, und jedes Mal musste ich mir den Friedhof der Kuschelmäuse vorstellen, der in seinem Bauch vor sich hin gärte. Die Nacht begann dann mit einem zünftigen Furzkonzert, und dann mussten wir drei- oder viermal raus, weil es den Hund doch hier und da etwas im Gedärm drückte.

Sein reumütiger Blick dabei war mir allerdings ein Fest, obwohl ich nicht davon ausging, dass er aus dieser Episode etwas für die Zukunft lernen würde. Ikkyu Sojun und Rokyan wachten bestimmt auch nicht nur einmal mit fürchterlichen Kopfschmerzen auf und machten dennoch genauso weiter, wie sie es immer getan hatten. Ihre tiefe Einsicht in die Welt behinderte das jedoch kein bisschen, und so schüttelte auch ich nur meinen Kopf über meinen ansonsten so weisen Lehrer und begleitete ihn mitten in der Nacht nach draußen, um sich wieder und wieder zu erleichtern. Niemand ist perfekt, und vielleicht haben kalte, nasse Mäuse ja tatsächlich einen ähnlichen Effekt wie Kartoffelchips. Da kann man ja auch nicht aufhören.

Warum erzähle ich diese Geschichte, die meinen Lehrer in einem vergleichsweise »un-zen-igen« Licht dastehen lässt? Ganz einfach: Man muss sich von der Vorstellung verabschieden, dass ein guter Lehrer in jedem Bereich seines Lebens vollkommen ist. Und man muss ihm weder alles glauben noch ihm in allen Belangen nacheifern. Ich jedenfalls esse auch heute noch keine Mäuse – und auch eine größere Sake-Bestellung plane ich erst nach der Erleuchtung ein ...

Erziehung sinnlos!

---

*Ich habe einen Blick aus Hundeaugen gesehen,
einen sich rasch verlierenden Ausdruck erstaunter
Geringschätzung, und ich bin überzeugt, dass Hunde
im Grunde denken, Menschen seien verrückt.*

JOHN STEINBECK

AUCH WENN SEINE VORBESITZER ihre Schwierigkeiten mit Bobba gehabt zu haben schienen – bei mir lief von Anfang an nahezu alles wie am Schnürchen, wenn wir von der Regenschirm-, der Sessel- und der Mäuseepisode einmal absehen. Da ich völlig unvoreingenommen und ohne jede Erwartung an das Leben mit ihm herangegangen war, hatte ich nicht diese Ideen im Kopf, die manche Hundebesitzer offenbar mit sich herumschleppen. Da muss der Hund funktionieren wie ein Uhrwerk und jeden Befehl befolgen wie ein vierbeiniger Roboter! Gegen den Tonfall, der in manchen Hundesportvereinen vorherrscht, wirkt die gnadenlos harte Ausbildung der US-Marines in dem Kriegsfilm »Full Metal Jacket« wie ein Erholungscamp für pensionierte Musicaldarsteller.

Ich ging die Sache eher locker an, und je länger Bobba bei mir war, desto lockerer wurde ich. Das musste ich auch, denn ganz ehrlich: Ich hatte es ganz zu Beginn unserer Freundschaft kurzzeitig probiert, Bobba mit Befehlen meinen Willen aufzuzwingen. Mach Sitz! Mach Platz! Mach dies, mach jenes! Bobba hatte als im Tao ruhender Zen-Meister dafür nur ein müdes Lächeln übriggehabt. Wenn ich mit erhobenem Zeigefinger vor ihm stand und meine Befehle mit strenger Stimme von mir gab, saß er da und schaute mich an, als wäre ich vollkommen übergeschnappt. Besonders wenn andere Leute zuschauten, perfektionierte er diese Haltung der Gleichmut und ließ mich damit wie den größten Deppen dastehen. Als guter Lehrer kannte er unzählige Methoden, meinem Ego die Zunge herauszustrecken.

Ich merkte ziemlich schnell, dass ich mit dieser Art der Erziehung bei ihm auf granitharten Hundekeks biss. Stattdessen verlegte ich mich auf etwas, was in keiner spirituellen Schulung fehlen sollte: schlichte Freundlichkeit!

Sie werden mir die nächsten Zeilen kaum glauben, aber ich schwöre bei den heiligen Ohrläppchen des Buddha, dass ich hier nichts als die Wahrheit berichte. Wenn ich wollte, dass Bobba irgendwo Sitz machte, um auf mich zu warten oder nicht im Weg zu sein, wenn Mountainbikefahrer durch den Wald preschten, dann brüllte ich nicht: »Sitz!«, als würde ich einem bemitleidenswerten Kadetten den Tag versauen wollen. Nein, ich sagte allen Ernstes:»Bobba, würdest du dich bitte mal hier hinsetzen?« Und das tat er dann auch, ohne zu zögern. Ich weiß, das klingt seltsam, und für den stellvertretenden zweiten Kassenwart des »Deutschen Schutzhundvereins ›Gehorsam vor Schande/Gelsenkirchen-Ost‹« wäre ich wohl das größte Weichei in der Geschichte der Hundeerziehung.

Zu meiner Verteidigung kann ich nur vorbringen, dass es funktionierte. Ich bat Bobba, etwas zu tun, und behandelte ihn dabei wie einen Freund und nicht wie einen weisungsgebundenen Untergebenen – und dieser erstaunliche Hund handelte, als hätte er jedes Wort verstanden. Man hört ja überall, man solle Hunde nicht vermenschlichen, aber was blieb mir übrig? Bobba erschien mir manchmal intelligenter als manche Menschen, vor allem intelligenter als ich selbst. Niemals in seinem ganzen Leben behandelte er irgendjemanden unfreundlich oder herablassend – und auch wenn man sagt, dass für Hunde eine Rudelstruktur mit klaren Dominanzverhältnissen natürlich sei, kann ich das absolut nicht bestätigen. Für Bobba war jedermann ein Freund, der sich auf Augenhöhe befand. Weder musste er jemanden dominieren, noch wollte er von irgendjemandem dominiert werden.

Ich mag es sehr, wenn der Dalai Lama sagt, dass seine Religion die Freundlichkeit sei. Er und Bobba hätten sich bestimmt gut verstanden, denn wie der Dalai Lama hatte auch mein Hund für jeden ein Lächeln und einen aufmerksamen und aufmunternden Blick übrig. Seit er mich begleitete, hatte ich unzählige Bekanntschaften gemacht: von jenen alten Damen im Park, die von ihrer schmalen Rente noch mit großer Freude ein bisschen was für Hundeleckerchen abzwackten, über schwer

Erziehung sinnlos!

alkoholisierte Nachtschwärmer, die sich in wahre Streichelmaschinen verwandelten, bis zu den freundlichen, im Gesicht tätowierten Kosovo-Albanern, die mir anboten, jeden zu erwürgen, der mir oder meinem Hund zu nahe kam. Auch in meinem neuen Job war Bobba nach kurzer Zeit der Liebling im Büro. Freudig machte er seine Morgenrunde, um alle zu begrüßen (und das eine oder andere Brötchenstück zugesteckt zu bekommen), und schaffte es auch, dass sich jeder Besucher innerhalb von Minuten heimisch fühlte.

Freundlichkeit und Entspannung – das eine schien das andere zu bedingen. Doch auch wenn ich jeden Tag viel im Umgang mit anderen Menschen von ihm lernte, eines hatte ich noch nicht verstanden: Freundlichkeit war nicht nur etwas, was man anderen gegenüber zeigte, sondern auch sich selbst gönnen sollte.

Bobba hingegen war auch in dieser Disziplin ein Meister.

Im Park wurden gerade neue Blumenbeete angelegt. Es war ein schwüler Sommertag, genau richtig, um im Schatten auf einer Bank zu sitzen und anderen bei der Arbeit zuzusehen. Die Stadtgärtner entfernten alte Pflanzen, gruben schwitzend die Beete um, karrten tonnenweise fast schwarze Blumenerde heran und füllten die alten Beete damit auf. Doch bevor sie die neuen Stauden einsetzen konnten, zog ein wirklich heftiges Sommergewitter auf, und sie verließen ebenso wie Bobba und ich fluchtartig den Park.

Da Bobba und ich an diesem Tag noch nicht sehr viel gegangen waren, machten wir uns, nachdem das Gewitter sich verzogen hatte, wieder auf in den Park, um ein paar Runden zu drehen und ein paar Bälle zu werfen. Die erhoffte Abkühlung hatte sich als bloßer meteorologischer

Glaubenssatz entpuppt – kaum waren wir unterwegs, war es schon wieder genauso heiß wie vor dem Regenguss.

Aber das konnte Bobba natürlich nicht aufhalten. Energiegeladen wie immer lief er voraus, schnüffelte hier und dort, sprang herum und freute sich des Lebens. Erstaunlich für jemanden, der so gut wie gar nicht schwitzen und sich damit abkühlen konnte.

Dann kamen wir an die neuen Beete, die noch verlassen dalagen. Wahrscheinlich hatten die Stadtgärtner entschieden, am nächsten Tag wiederzukommen und sich heute lieber um ein paar kühle Bierchen zu kümmern.

Fasziniert schaute Bobba auf die dunkelbraune, schmierige Masse, die aussah wie ein Moorbad in einer Kurklinik. Ich konnte es förmlich hören, wie eine sehr, sehr dumme Idee in seinem Kopf Gestalt annahm.

»Nein, das tust du nicht!«

»O doch.«

»O nein!«

»Du kannst mich nicht aufhalten …«

Und schon hatte er sich mit Brust und Schnauze in den Schlamm gewühlt und schob sich mit den Hinterbeinen voran wie ein Eisbrecher mit Fell. Die Bugwelle schwappte ihm übers Gesicht, was ihn aber nicht weiter zu stören schien. In der Mitte des Beetes angekommen, ließ er sich auf die Seite fallen, wälzte sich mit großer Wonne hin und her, drückte seinen Rücken, seinen Kopf und seinen Bauch in den Matsch, bis er über und über damit bedeckt war. Nach kurzer Zeit sah er aus, als hätte die Weihnachtsindustrie ihren nächsten Coup geplant: Schokoladenhunde in Lebensgröße!

Erziehung sinnlos!

Grinsend stand er im Beet und fühlte sich offensichtlich äußerst wohl. Nur noch die Augen und die grobe Körperform erinnerten an den Hund, den ich kannte, der Rest war bis zur Unkenntlichkeit verklebt. So liefen wir dann weiter durch den Park, bis wir an den Bach kamen und ich seinen Ball sieben- oder achtmal hineinwarf, sodass er hinterherspringen musste, um ihn zu holen. So kam wenigstens schon etwas Ähnliches wie mein Hund zum Vorschein. Aber solch ein Hundefell hat gute Aufnahmefähigkeiten, und als ich ihn später in die Badewanne steckte, war nach kurzer Zeit der Abfluss verstopft. Ich wurschtelte mit den Fingern darin herum, und Bobba sah mir mit schief gelegtem Kopf interessiert zu.

»Wenn du dich schüttelst, bekommst du drei Wochen Hausarrest!«
Er gab mir einen feuchten Schmatzer auf die Wange. »Glaub ich nicht!«
Das Wasser lief wieder ab, ich hockte mich an den Rand der Badewanne und streichelte ihn, wie er da tropfnass saß. Noch einmal abduschen, dann ging es halbwegs. Ich rubbelte ihn mit einem großen Handtuch trocken, was man danach eigentlich auch wegschmeißen konnte. Aber der Hund sah sauber und glücklich aus. Und ausnahmsweise roch er auch ganz gut.

»Du hattest heute echt Spaß, oder?«
Er legte mir seinen Kopf aufs Knie und ließ sich kraulen. Kurze Augenbrauen-Jonglage, dann ein sanftes Grummeln. Man konnte sagen, was man wollte: Er machte sich sein Leben schön! Und wenn ich ehrlich bin, machte er das durch solche Aktionen sogar mit meinem Leben.

Wenn das Tao einem ein Schlammbad schenkte, konnte man entweder vorsichtig darum herumgehen, um bloß nicht die guten Sonntagnachmittagsausgehklamotten dreckig zu machen, oder man konnte sich einfach mitten hineinschmeißen und Spaß haben, das Gefühl genießen, lebendig zu sein.

Meiner jetzigen Überzeugung nach – und diese habe ich hauptsächlich einem Hund zu verdanken – ist es ein großer Fehler zu meinen, auf dem spirituellen Weg habe die wunderbare Tätigkeit des Blödsinnmachens nichts zu suchen. In buddhistischen Büchern liest man oft seltsam anmutende Formulierungen wie »den Körper zähmen«, »die Sprache zähmen«, »den Geist zähmen«, was ja alles schon ein bisschen freudlos klingt, so als dürfte man den ganzen Tag nicht eine Sekunde lockerlassen. In dieser Weise wird die Übung aber so, wie sie es auch für mich zu Anfang war: eine leblose Verpflichtung, die uns keinen Raum lässt, wir selbst zu sein.

Aber wenn ich mir Bobbas vorbildlich gutes Benehmen ansah, das von mir nur freundlich unterstützt und nicht mit Zwangsmaßnahmen begleitet wurde, und seine gelegentlichen Ausrutscher als freudigen Ausdruck seiner Persönlichkeit verstand, wurde mir bewusst, dass man sich selbst auch mit Freundlichkeit »erziehen« konnte und dabei auf keinen Fall den Spaß vergessen sollte. Shunryu Suzuki wies ebenfalls darauf hin, dass wir nie die Freundlichkeit uns selbst gegenüber außer Acht lassen sollten:

> Ihr seid nicht freundlich genug zu euch selbst.
> Ihr glaubt, wenn ihr den Unterweisungen folgt, die ihr von irgendeinem Lehrer erhalten habt, dann übt ihr gutes Zazen, aber der Zweck der Unterweisung ist, euch dazu zu ermuntern, freundlich zu euch selbst zu sein. (...) Wenn ihr sehr freundlich zu

> eurer Atmung seid, Atemzug um Atemzug, dann werdet ihr bei eurem Zazen ein frisches, warmes Gefühl haben. (...) Also legen wir Wert auf ein warmes Herz, auf warmes Zen. Das warme Gefühl, das wir in unserer Übung haben, ist, mit anderen Worten, Erleuchtung oder der Geist Buddhas. (...) Es geht nicht darum, eure Freiheit einzuschränken, sondern euch die Freiheit zu geben, euch auf eure eigene Art zu verhalten und zu handeln.[26]

Dieses warme Herz, von dem Suzuki spricht, hatte Bobba auf jeden Fall. Und jeden Tag sorgte er dafür, dass es auch warm blieb. Manchmal meditierte er mit mir zu diesem Zweck, manchmal spielte er oder ließ sich hinter seinen braunen Ohren kraulen, und manchmal musste es eben Matsch sein. Sein ganzes Leben war der Praxis gewidmet, ganz er selbst zu sein, wobei er einem Gedanken an Perfektion keinerlei Aufmerksamkeit schenkte. Ich denke, deshalb war er ein so glücklicher Hund, der in wirklicher Freiheit existierte und daher auch so frei war, sich selbst an die Welt und ihre Wesen zu verschenken.

Götter, Karma
und der Bio-Mülleimer

Zunächst gab es die Stille,
dann unablässiges Gerede.

TAISEN DESHIMARU

MAN SAGT OFT, der Buddhismus sei keine Religion, sondern eher eine Philosophie. Eine Weisheitslehre, die auf menschlichen Einsichten beruht statt auf vermeintlich göttlichen Offenbarungen. In den meisten Bereichen mag das stimmen, da der Buddha uns selbst auffordert, alle Lehren zu überprüfen und nichts einfach hinzunehmen, nur weil irgendeine Autorität dieses oder jenes behauptet. Es gibt eine Stelle in den Lehrreden des Buddha, die ganz explizit darauf hinweist, sich nicht auf den Glauben zu verlassen, sondern das Gehörte mit der eigenen Erfahrung abzugleichen:

> Wenn ihr irgendwelche Lehren hört, dann glaubt sie nicht,
> nur weil ihr sie gehört habt und weil sie überliefert wurden oder
> weil andere dieser Meinung sind. Glaubt nicht, nur weil es in heiligen
> Schriften steht oder weil es sich logisch und vernünftig anhört.
> Vertraut keinen erdachten Theorien und auch nicht dem,
> woran viele glauben. Nehmt nicht nur das an, was euch persönlich
> gut gefällt oder was ein spiritueller Meister gesagt hat.
> Wenn ihr selbst erkennt, dass eine Lehre unheilsam ist,
> weil sie, wenn man sich danach richtet, zu Unheil und
> Leiden führt, dann sollt ihr sie lassen. Wenn ihr aber eine Lehre
> als heilsam erkennt, weil sie zu Glück und Wohl führt, wenn
> man sich danach richtet, dann sollt ihr sie annehmen.[27]

Ich zitiere diese Stelle immer wieder gern, verwende sie bei Vorträgen und in meinen Büchern, weil ich denke, dass hier etwas zum Ausdruck gebracht wird, was den Buddhismus fundamental von anderen Religionen, insbesondere den monotheistischen, unterscheidet. Während andere Religionen – zumindest in ihren volkstümlichen Ausprägungen, die mystischen Zweige haben da noch eine andere Herangehensweise – den Glauben als Tugend wertschätzen, die Hingabe an das Überlieferte hochhalten, möchte uns der Buddha dazu bringen, die Dinge selbst eingehend zu prüfen und zu schauen, ob sie heilsam oder nicht sind. Christentum, Islam und Judentum fordern dagegen eher auf, das in den heiligen Schriften Niedergelegte anzunehmen und es eben nicht zu hinterfragen.

Insofern kann man also durchaus behaupten, dass der Buddhismus Züge trägt, die eher einer Philosophie, also einer tiefen Untersuchung der Wirklichkeit, zu eigen sind als einer Religion, die auf Verehrung und Traditionsbewusstsein gerichtet ist.

Eine gute Sache eigentlich, doch ich bin in meinem Leben leider auch einigen Buddhisten begegnet, die sich auf diese grundlegende Einstellung eine Menge einbilden. Da sie nicht einfach blind glauben und dazu auch nicht von ihrer Tradition aufgefordert werden, halten sie sich gern für etwas Besseres, für schlauer und weiter entwickelt als die anderen, die im Gegensatz zu ihnen selbst noch im Sumpf der Dogmen festzustecken scheinen.

Dabei wird gern übersehen, dass es auch im Buddhismus vieles gibt, was eher mit Glauben als mit der eigenen Erfahrung zu tun hat. Ich hatte ja schon angedeutet, dass es gerade im tibetischen Buddhismus einige Überzeugungen gibt, die zu teilen einem durchschnittlichen Westeuropäer schwerfallen dürften. Doch auch in den anderen Schulen des Buddhismus gibt es Inhalte, die – größtenteils ihrer kulturellen Prägung geschuldet – Dinge postulieren, die zumindest mir nicht gleich aufgehen. Ich möchte hier nur zwei sehr grundlegende Ideen herausgreifen: die Lehre der Reinkarnation und die Erleuchtung selbst.

Was die Reinkarnation angeht, fällt es mir äußerst schwer, den vom Buddha vorgeschlagenen Weg der Überprüfung zu gehen. Wie schon im Kapitel »Kein Anfang, kein Ende« erwähnt, finde ich den Gedanken der Grenzenlosigkeit unseres Lebens sehr schön, und gewiss kann er auch etwas Tröstliches haben, wenn er nicht als Moralkeule geschwungen wird, um Menschen zu einem anständigen Leben anzuhalten. Ob vermeintliches Fehlverhalten nun mit der Hölle oder einer schlechten Wiedergeburt geahndet wird: Beides bleibt eine Drohung – etwas, worauf eine reife Spiritualität verzichten sollte.

Götter, Karma und der Bio-Mülleimer

Grundsätzlich lässt sich aber vor allem sagen, dass ich, wenn ich wirklich ehrlich bin, nicht die geringste Ahnung habe, ob die Lehre der Reinkarnation zutreffend ist oder nicht. Da der Buddha sich ansonsten mit metaphysischen Aussagen sehr zurückgehalten hat, vermute ich fast, dass diese Lehre sich sozusagen aus dem hinduistischen Umfeld in den buddhistischen Dharma eingeschlichen hat. Die Idee war allgemein bekannt und akzeptiert – und irgendwie hat sie sich auch in die neue spirituelle Richtung des Buddha herübergerettet. Was man kennt, lässt man ja so schnell nicht los ...

Auch in diesem Zusammenhang ist mir das Zen sehr sympathisch, da es möglichen Wiedergeburten nicht sonderlich viel Aufmerksamkeit schenkt. Diese Themen spielen einfach keine große Rolle. Vielleicht ist auch hier der Einfluss des Taoismus spürbar. Ein taoistischer Meister, der zusammen mit seinem Hund am Fluss saß, mit ein paar schnellen Strichen ein Tuschebild anfertigte und dabei eine Flasche Reiswein leerte, wird dieser Idee eher gleichmütig begegnet sein: »Wenn es tatsächlich so sein sollte und ich im Tao wiedergeboren werde, dann ist es so. Ich kann es nicht verhindern, ich kann es nicht befördern, also gebe ich mich dem Wandel einfach hin. Vielleicht bin ich irgendwann ein Wurm, eine Stubenfliege, ein Mensch oder ein so großartiger Kerl wie mein Hund hier ... Vielleicht höre ich aber auch einfach nur auf zu existieren, werde Teil der kreativen Leere des Tao, und es gibt keinerlei Identifikation mehr mit mir selbst. Wie auch immer: Mir soll es recht sein!«

Und damit wäre das Thema auch schon erledigt. Man muss nicht viele Worte machen, sondern lebt lieber in der Stille des gesunden Nichtwissens. Eine erfrischende Einfachheit, ein fröhlicher Agnostizismus. Ein

Blick auf die Welt, dem auch Bobba zugetan gewesen wäre – lag ihm doch jegliche Spekulation fern.

So möchte ich die Dinge auch betrachten, denn alles andere liegt völlig außerhalb meines Erfahrungshorizonts. Im Sinne des Buddha habe ich diese Idee geprüft, finde sie reizvoll, habe aber zu wenig Informationen, um mir wirklich ein Urteil bilden zu können. Deswegen beschäftige ich mich lieber mit anderen, dringenderen Merkmalen der buddhistischen Lehre wie der Meditation und dem achtfachen Pfad, um hier und jetzt ein gutes und gelingendes Leben zu führen. Ein eventuelles weiteres Leben wird für das Seinige sorgen.

Stephen Batchelor, früher selbst einmal buddhistischer Mönch und nun ein Dharma-Lehrer, der unglaublich wertvolle Arbeit darin leistet, buddhistische Lehren aus dem kulturellen Kontext herauszulösen und sie einzig auf ihre Praxistauglichkeit hin zu untersuchen, steht der Wiedergeburtsidee ebenfalls kritisch gegenüber:

> Es scheint also zwei Möglichkeiten zu geben:
> an die Wiedergeburt glauben oder nicht an sie glauben.
> Aber wir haben noch eine dritte Alternative, nämlich ganz ehrlich zuzugeben: Ich weiß es nicht. (…) Die Dharma-Praxis verlangt den Mut, uns mit unserem Menschsein zu konfrontieren. Die Bilder, die wir uns von Himmel und Hölle und den Zyklen der Wiedergeburt machen, sind nur dazu da, das Unbekannte mit einem Bild des schon Bekannten auszumalen. Das Festhalten am Wiedergeburtsgedanken kann die Bereitschaft zu fragen lähmen.[28]

Wenn wir nicht mehr fragen, sondern alles zu wissen meinen, praktizieren wir das Gegenteil des Dharma. Das ist dann kein tiefes Erforschen der Wirklichkeit mehr, sondern schlicht und einfach religiöser Glaube. Um mit Bobbas weisen Worten zu sprechen: »Du musst selbst herausfinden, wie Pansen schmeckt. Wenn du ihn nicht magst, auch gut. Gib ihn einfach mir!«

Die Erleuchtung, von der so viel gesprochen wird, ist für mich ein ganz ähnliches Thema. Obwohl der Buddhismus angeblich keine Dogmen hat, wird an die Erleuchtung einfach geglaubt, weil doch derjenige, der noch nicht erleuchtet ist, naturgemäß keine Erfahrung mit diesem Zustand haben kann und ihm somit gar nichts anderes übrig bleibt, als dem Anspruch des Buddha zuwiderzuhandeln und diese Lehre nicht für sich selbst zu prüfen. Solange ich selbst noch nicht die Erleuchtung erlangt habe, bleibt sie etwas, woran ich genauso glauben oder nicht glauben kann wie an die Jungfrauengeburt.

Doch was soll das überhaupt sein, Erleuchtung?

Hätte ich Bobba das gefragt, hätte er sich wohl auf den Rücken geschmissen, mir ein unverschämtes »Kuck mal, da sind meine Eier!« zugerufen und sich kaputtgelacht. Das Verlangen nach Wissen über die Erleuchtung und das Streben nach ihrem Erlangen waren für Zen-Meister aller Zeiten schon immer gute Gründe zur Erheiterung. Wenn wir uns wirklich diese Frage stellen oder schon ihrem Ziel hinterherrennen, kann uns das in guten Momenten tief in uns selbst hineinsehen lassen: Was wollen wir mit der Erleuchtung? Was versprechen wir uns davon? Soll alles ganz anders werden? Bunter? Spannender? Reicht uns der Moment, so wie er ist, doch nicht so ganz? Möchten wir trotz aller nach außen getragenen Bescheidenheit und Demut doch etwas ganz Besonderes sein? An dieser Stelle möchte ich noch einen anderen Begriff in den Raum werfen, der uns vielleicht weiterhilft. Er stand sozusagen auf der Visitenkarte des Buddha und entstammt einer Begebenheit, die oft zitiert wird und die ich hier den heutigen Umständen und Fragen entsprechend angepasst wiedergeben möchte.

Als der Buddha unter dem Bodhi-Baum tief in die Wirklichkeit hineingesehen, sie verstanden und verinnerlicht hatte, machte er sich auf den Weg, um seine Lehre mit anderen zu teilen. Eines Nachmittags begegnete er ein paar spirituellen Suchern, die gerade ein wenig enttäuscht und ernüchtert von einem mehrtägigen Esoterik-Festival zurückkamen. Diese Sucher erkannten gleich, dass ihnen hier ein wirklicher Weiser gegenüberstand. Ganz aufgeregt riefen sie: »Heidewitzka, du strahlst ja wirklich eine total positive Energie aus. *Good vibrations* und so. Bist du ein Gott?«

»Nein«, antwortete der Buddha.

»Bist du ein Heiliger?«

»Nö, auch nicht.«

»Bist du vielleicht eine transzendente Entität der Kristallmatrix, die uns zu Lichtarbeitern ausbilden möchte, sodass wir auf fliegenden Einhörnern das verlorene Atlantis wiederentdecken?«

»Äh ... nee, eigentlich nicht«, sagte der Buddha nun etwas perplex.

»Bist du dann ein allwissender Hund, der uns mit gezielten Stockschlägen unsere dusseligen Fragen austreiben will?«

»Irgendwann vielleicht mal, aber jetzt nicht, nein!«

»Hm.« Die Sucher nestelten ratlos an ihren Blume-des-Lebens-Amuletten herum. »Aber wer zum Henker bist du dann?«

»Ich bin erwacht«, sagte da der Buddha. Schlicht und einfach. Als aufmerksamem Leser wird Ihnen nicht entgangen sein, dass der Buddha hier vom »Erwachen«, nicht von der »Erleuchtung« spricht. Und tatsächlich bedeutet das Sanskritwort »Buddha«, welches Siddhartha Gautama als Ehrentitel trug, nichts anderes als »der Erwachte«.

Erwachen ist für mich aber eine ganz andere Liga als Erleuchtung, denn mit Letzterem wird meist eine verdammt große Sache assoziiert, etwas, was man mit viel Anstrengung und einer gehörigen Portion Glück irgendwann in ferner Zukunft erreichen kann. Das ist auch eine recht praktische Vorstellung für eine professionelle Priestergilde, die den Suchern damit die »spirituelle Karotte« vor die Eselsnasen halten kann: ein weit entferntes Ziel, kaum für einen Normalsterblichen zu erlangen und nur in Begleitung eines professionellen Meditierenden (und einer entsprechenden »Gewinnbeteiligung«) überhaupt auch nur anzustreben. Genau in diesem Moment wird der Buddhismus zu einem Glaubenssystem wie jedes andere auch. In diesem Moment wird vergessen, dass der Buddha selbst ein ganz normaler Mensch war, der herumirrte, der litt, der Fehler machte, der in seiner Nase bohrte und auf die Toilette gehen musste.

In der legendenhaften Überhöhung, die seine Lebensgeschichte im Laufe der Zeit erfahren hat, wird seine sogenannte Erleuchtung als großes Tamtam geschildert, das Himmel und Erde erschütterte, während es Blumen regnete und das ganze Universum in Jubel ausbrach. In Wirklichkeit war es wohl eher ein bescheidener und stiller Moment, in dem ein Mensch die Augen öffnete und die Welt ohne einen Filter aus Hoffnungen, Erwartungen, Ängsten und Vorstellungen wahrnahm. Ein Moment, in dem die Verblendung beiseitetrat und der Erkenntnis wich, dass alles in wechselseitiger Abhängigkeit besteht und somit nichts über ein in sich geschlossenes Selbst verfügte, das beschützt und bis aufs Blut verteidigt werden muss. Es war ein friedvoller Moment, der aus dem mittleren Weg erwuchs, den der Buddha in den Monaten vor seinem Erwachen gegangen war, nachdem er bemerkt hatte, dass ihn weder Hedonismus (seine Jugend und frühes Erwachsenenalter) noch strikte Askese (seine Jahre als dem Weltlichen völlig entsagender Sadhu) weitergebracht hatten.

Siddhartha erlebte ein schlichtes Erwachen zu sich selbst, was bedeutet, dass er auch seinen Platz in der Welt deutlich sehen konnte, sein Eingebundensein in das Leben, seine Teilhabe am Entstehen und Vergehen, seine innige Verbindung mit allen anderen Wesen dieser Erde.

Offenbar konnte er diese Dinge wunderbar erklären. Am Ende der buddhistischen Sutras findet sich oft der Hinweis darauf, wie viele Menschen nach seiner Lehrrede erwachten: mal drei, mal fünf, mal zehn und so weiter. Das Ganze geschah scheinbar ziemlich unspektakulär und wurde nicht als die riesige Sache angesehen, die wir inzwischen daraus gemacht haben. Die Menschen erwachten, konnten den Schleier vor ihren Augen lüften und die Dinge sehen, wie sie sind. Im Anschluss daran legten sie oft die Mönchsgelübde ab und zogen mit dem Buddha durch die Gegend, um mehr von ihm zu lernen und durch die Lehrreden und die Struktur der von Buddha gelehrten Meditationsweise stets mit dem jetzigen Moment in Kontakt zu kommen. Für diese Menschen stand also das Erwachen am Anfang ihres Weges – beziehungsweise wurde es zu einem kontinuierlichen Prozess ihres Lebens, das sich ganz bewusst immer wieder auf den gegenwärtigen Moment fokussierte. Diesen ersten Schülern des Buddha ging es offensichtlich nicht um ein pyrotechnisch begleitetes Mega-Event am Ende ihres Weges, was heutigen Suchern ja vielleicht auch dazu dienen mag, eine wirkliche innere Veränderung nachgerade zu vermeiden, da das Ziel ohnehin unerreichbar scheint. In gewisser Weise hält man den Buddha dann doch für einen Gott, der einem selbst etwas Entscheidendes voraushat, was man niemals verwirklichen wird.

Doch Erwachen ist dieser einfache Augenblick, wenn Sie mit Ihrem Hund im Park sitzen und alles wie von selbst an den richtigen Platz zu fallen scheint. Sie nehmen alles wahr: das Plätschern des Baches, die anderen Spaziergänger, die Wolken am Himmel, die Ameisen, die sich über Ihr Puddingteilchen hermachen … Und zwischen alldem und Ihnen besteht keine Trennlinie mehr! Sie erwachen in den Augenblick hinein. Eine schlichte Wahrnehmungsänderung, die Sie auf neue Weise mit der Welt um Sie herum verbindet und ganz natürlich einen neuen, sanfteren und mitfühlenderen Umgang mit dieser Welt hervorbringt. Erleuchtung klingt dagegen nach einer Las-Vegas-Show mit weißen Tigern, halbnackten Tänzerinnen und Feuerwerk, für die Sie sich die Eintrittskarte erst mühsam verdienen müssen und bei der es letztlich nur um ein neues – nun spirituell verbrämtes – Schmücken Ihres Egos zu gehen scheint. Während es sich also beim Streben nach Erleuchtung um Sie dreht und sich das Streben in dem virtuellen Raum Ihres Denkapparates abspielt, geschieht das Erwachen als kontinuierlicher Prozess für die Welt und in der Welt, von der Sie ein ruhiger und gelassener Teil sind.

Einige werden jetzt vielleicht einwenden, dass das Erwachen des Buddha aber endgültig war und er nie wieder aus diesem wachen, sehenden Zustand herausgefallen sei. Ich persönlich glaube das nicht und ordne das eher in den Bereich der Legenden ein, die sich immer um charismatische Persönlichkeiten ranken. Ich denke, der Buddha war einfach so wach, dass es ihm immer wieder auffiel, wenn er abgelenkt war oder mit seinen Gedanken der Realität vorauseilte oder hinterherhinkte. Er war so achtsam und aufmerksam, dass es ihm gelang, stets ganz sanft zum gegenwärtigen Moment zurückzukehren. Und ich bin davon überzeugt, dass Sie und ich ebenso wach sein können. Der einzige Unterschied zwischen uns und dem historischen Buddha ist der, dass er es ganz allein geschafft hat, während wir die Hilfe von mitfühlenden Vierbeinern in Anspruch nehmen müssen, die uns mit ihrer gesamten Lebensweise immer wieder auf den jetzigen Augenblick hinweisen und uns anhalten, diesen nicht zu verpassen.

Ich glaube, weder der Buddha noch der Bobba interessierten sich sehr für Konzepte von Erleuchtung oder Wiedergeburt. Ihre Achtsamkeit war ihr Erwachen, immer wieder neu, immer wieder ankommen im jetzigen Augenblick. Sobald sie über eine Theorie dazu nachgedacht hätten, wäre ihnen der gegenwärtige Moment entschlüpft, wie ein Fisch, den man mit den Händen zu fangen versucht – oder in Bobbas Fall wie ein Eichhörnchen, das unverschämterweise klettern kann, während man selbst am Boden steht und sich wundert.

Im Sutra über Thera den Älteren sagt der Buddha:

> Das Leben eingehend zu betrachten
> macht es möglich, alles, was ist, klar zu sehen.
> Von nichts versklavt zu sein,
> macht es möglich, alles Begehren loszulassen.
> Das Ergebnis ist ein Leben voller Freude und Frieden.[29]

Wenn man die buddhistische Grundhaltung auf diese Weise formuliert, hält man sich wirklich fern von religiösen Strukturen und versucht eher, eine säkular orientierte Erforschung des eigenen Geistes zu kultivieren. Ich bin überzeugt davon, dass man mit diesem Ansatz der ursprünglichen Intention des Buddha näherkommt als mit der Haltung eines Gläubigen, denn im Geist des Gläubigen ist immer auch das Begehren, dem Inhalt seines Glaubens wahrhaftig zu begegnen, seine Vorstellungen bestätigt zu sehen und somit immer weiter auf ein möglicherweise imaginäres Ziel zuzustreben. Ein Leben voller Freude und Frieden ist auf diese Weise wohl nur in den seltensten Fällen zu erwarten. Auch die Vorstellung von Erleuchtung kann uns versklaven wie alles andere, dem wir hinterherjagen. Dzogchen Pönlop Rinpoche sagte:

> Ich glaube, das Wichtigste, was es zu verstehen gilt, ist, dass der Buddhismus keine Religion, sondern eine Wissenschaft ist. Eine Wissenschaft über den Geist, die sich über Jahrtausende damit beschäftigt hat, wie der Geist funktioniert und mit welchen Mitteln, mit welchen Werkzeugen, man mit ihm arbeiten kann. Wenn man diese Einsicht realisiert hat, ergibt sich ein völlig anderes Verständnis der buddhistischen Praxis. (…) Gottesdienst, Beten und fromme Wünsche haben dann keinen Platz mehr.[30]

Wenn man also mit der Überzeugung Ernst machen möchte, der Buddhismus sei keine Religion, sondern eine Philosophie, sollte man sich auch eingestehen, dass die Suche (oder auch Sucht) nach Erleuchtung ebenso ein solch »frommer Wunsch« sein kann, genau wie es meines Erachtens die Vorstellung von guten im Gegensatz zu schlechten Wiedergeburten in sogenannten niederen Bereichen des Seinskreislaufs ist. Statt uns Gedanken zu machen, wie unser Karma in unseren nächsten Leben wirken mag, von denen wir nicht wissen, ob sie stattfinden werden, sollten wir Karma lieber konkret als das Gesetz von Ursache und Wirkung verstehen und wahrhaft sehen, wie es funktioniert.

Für Bobba war Karma eine ganz einfache Geschichte und keine mystische Verkettung von Umständen, die in weitere Lebenszyklen hineinwirken: »Wenn du an einen Elektrozaun pinkelst, tut's verdammt weh! Wenn du die Katze ärgerst, hast du eine Schramme auf der Nase! Wenn du auf der Suche nach Futter den Bio-Mülleimer plünderst und dessen Inhalt in der ganzen Küche verteilst, kauft dein Herrchen einen verschließbaren Eimer – und ohne Hände stehst du dann ziemlich doof da! Wenn du den Ball zurückbringst, wird er noch mal geworfen! Wenn du kuschelst (und dabei den Sabber dort behältst, wo er hingehört), wirst du ebenfalls gekuschelt!«

Es ist wirklich mehr als simpel, und wir Menschen könnten uns von dieser Sichtweise einiges aneignen, was uns gut zu Gesicht stünde.

Je länger ich mit Bobba zusammen war, desto mehr Gefallen fand ich an Reduktion und Unkompliziertheit. Auch oder gerade im spirituellen Bereich macht unser Denken die Dinge immer viel komplizierter, als sie wirklich sind, vor allem dann, wenn wir über etwas spekulieren, von dem wir nichts wissen und vielleicht auch nie wissen werden. Da führt oft eins zum anderen, und ruckzuck sind wir bei Theorien, gegen die »Akte X« wie eine seriöse Nachrichtensendung wirkt.

Bei Phänomenen, die wir nicht wirklich fassen können, die außerhalb unseres Wahrnehmungsbereichs liegen oder von denen wir nur gehört haben, schaltet dazu unser Geist oft direkt in einen Zustimmungs- oder Ablehnungsmodus. Deshalb werden religiöse beziehungsweise metaphysische Fragen meist nicht mit offenen und zur Diskussion stehenden Vermutungen beantwortet, sondern mit Bekenntnissen, die unser Ego und unsere Weltsicht strukturieren sollen. Das kann anstrengend werden, weil die Überzeugungen nicht mehr hinterfragt werden können, ohne auch das Ego zu hinterfragen, das diese Überzeugungen als »richtig« erkannt und abgespeichert hat. Und das Ego mag es bekanntlich gar nicht, wenn es hinterfragt wird ...

Bobba benötigte keinerlei Bekenntnisse zu irgendetwas, die er dann im schlimmsten Fall anderen gegenüber verteidigen musste. Er spielte gern mit seinem kleinen Quietschball, fand es aber völlig in Ordnung, wenn ein anderer Hund eher nichtquietschende Bälle bevorzugte. Er war ein großer Liebhaber von Trockenfutter, das er in erstaunlichen Mengen inhalierte, spielte aber, ohne zu zögern, mit einem Artgenossen, der nach BARF* ernährt wurde.

Bei uns Menschen ist das leider nicht immer so, weil wir Vorlieben mit Wahrheiten verwechseln. Da ist man schnell »kein echter Buddhist«, weil einem die Reinkarnationslehre nicht hundertprozentig schlüssig vorkommt. Da wird man in null Komma nichts aus der Gemeinde herausgeekelt, weil man gewisse Aussagen der Bibel »nur« als Metapher versteht. Und versuchen Sie mal, einen Bratwurststand auf einer Yoga-Messe zu betreiben ...

---

* BARF steht für »Biologisches Artgerechtes Rohes Futter«, eine kontrovers diskutierte Fütterungsweise, die sich der natürlichen Ernährung von wildlebenden Wölfen annähern soll.

Da ist es doch manchmal besser, sein Denken ehrlich zu beobachten und die eigenen Begriffe nicht für die absolut korrekte Beschreibung der Wirklichkeit zu halten. Bevor wir uns angenehm erscheinende Vorstellungen, über die wir aber eigentlich keine Aussage treffen können, in Bekenntnisse verwandeln, von denen wir uns mit immer komplizierter werdenden Folgetheorien selbst überzeugen müssen, sollten wir unserem davongaloppierenden Denken lieber gewisse Zügel anlegen. Damit meine ich nicht, dass man sein Gehirn abschalten solle – ganz im Gegenteil: Wir sollten es in vernünftiger Weise benutzen, die Dinge überprüfen, wie es der Buddha vorgeschlagen hat, genau hinschauen, uns von bloßen Glaubenssätzen fernhalten und die Dinge sowohl konkret denken als auch unvermittelt erfahren und nicht in abgehobene Bereiche transferieren. Da es für Hunde kaum etwas anderes als das Konkrete gibt, sind sie als Lehrer einer auf den Augenblick gerichteten Lebenskunst einfach unerreicht.

»Das Leben eingehend zu betrachten macht es möglich, alles, was ist, klar zu sehen«, sagte der Buddha. Dieses klare Sehen ist es, worum es in der Meditation geht. Nicht, durch Übung und Selbsthypnose endlich das zu sehen, was man sich wünscht oder sich vorstellt, sondern das zu entdecken, was wirklich da ist. Ganz schlicht und einfach, hier und jetzt. Womit wir zum Kern der ganzen Sache kommen ...

Zazen und
der Darmwind des Todes

Denke an Nichtdenken.
Wie denkst du an Nichtdenken? Nichtdenkend.
Das ist in sich die essenzielle Kunst des Zazen.

DOGEN ZENJI

ALS ICH DIE WUNDERBARE ILLUSTRATION für das Cover meines Buches das erste Mal sah, musste ich mir gleich mich selbst als denjenigen vorstellen, der dort neben seinem meditierenden Hund steht und dem vermutlich die oft gestellte Frage »Was macht er denn jetzt schon wieder?« ins Gesicht gemeißelt ist. Wenn man in seinem Leben mit einem ganz besonderen Tier oder außergewöhnlichen Kindern gesegnet ist, lernt man ja vor allem eins: dumm aus der Wäsche gucken!

Dieses Geschenk des überraschten Staunens machte Bobba mir so oft, dass ich es gar nicht zählen kann. Ständig fiel ihm etwas Neues ein, was ich so nicht erwartet hatte und was mich immer dahin zurückführte, was Shunryu Suzuki »Anfänger-Geist« nannte. Jenen Geist zu kultivieren, der die neue Situation vorurteilsfrei, nicht wertend und offen staunend annimmt, kann man wohl als die eigentliche Praxis des Zen bezeichnen. Zu diesem Zweck dient die Meditationsübung, das Sitzen in Stille, das Zazen.
Natürlich konnte Bobba nicht im Lotossitz meditieren – das brauchte er aber auch gar nicht. Seine Versenkung in den Urgrund des Seins, in das ewige Jetzt, benötigte keine bestimmte Form, keine Rituale, kein spezielles Sitzkissen oder Räucherstäbchen (die schmeckten ja auch überhaupt nicht!). Seine Meditation war völlig ungekünstelt und deshalb ein unschätzbar wertvoller Spiegel für meine eigene Praxis, die von Zeit zu Zeit dazu neigte, etwas verkrampft zu werden.

Wenn ich mich auf mein Meditationskissen setzte, dauerte es meist nicht lange, bis Bobba es sich neben mir gemütlich gemacht hatte. Seine Meditationshaltung war dabei eine eher informelle und sehr relaxte Variante – er ließ sich einfach hinplumpsen und senkte die Augenlider auf Halbmast. Kaum hatte er sich so niedergelassen, war das Samadhi nur noch ein kleines Seufzen und Schmatzen entfernt. Manchmal – wenn mein Ego besonders stolz darauf war, sich zur Meditation eingefunden zu haben, und ich mich selbst sehr wichtig nahm – legte er sich direkt vor mich und kehrte mir sein Hinterteil zu. Beim Blick auf seine Rosette konnte ich mich dann besonders intensiv mit der Vorstellung auseinandersetzen, dass die Buddhanatur in allem wohne.

Meist neigte ich aber dazu, einfach die Augen zu schließen und zu hoffen, dass Bobba sein gestriges Abendessen gut vertragen hatte. Es gab nämlich auch Momente – immer dann, wenn ich mir besonders heilig auf meinem Kissen vorkam –, in denen er in bester Zen-Meister-Tradition mitten in der Meditation einen knatternden Furz losließ, dessen Geruch ganz sicher gegen die Genfer Konventionen verstieß. Ich glaube, er aß absichtlich Dinge, die ihm nicht sonderlich gut bekamen, um in solchen Augenblicken seine Lehre ganz praktisch und besonders nachhaltig verdeutlichen zu können. Eigentlich ein Wunder, dass ich als langjähriger Schüler dieses vierbeinigen Darmwind-Dharma-Meisters nicht allergisches Asthma oder etwas Ähnliches entwickelt habe.

Zazen und der Darmwind des Todes

Anfangs sprang ich manchmal auf und hechtete zum Fenster, um dem drohenden Kollaps zu entgehen, doch mit der Zeit lernte ich, dass ein Hundefurz während der Meditation nichts anderes ist als ein Gedanke, ein aufkommendes Gefühl, ein Jucken in der rechten Kniekehle, das Geräusch eines vorbeifahrenden Autos, das Summen einer Fliege im Zimmer.

Alle diese Phänomene entstehen und vergehen wieder. Sie sind Teil des Augenblicks, Teil des Tao, wie es sich gerade jetzt offenbart. Erst war da ein Knattern – oder noch schlimmer: ein leises Zischen, das einem regelrecht Angst einjagen konnte –, dann funkten meine Geruchsnerven SOS und bettelten mein Gehirn um eine Ohnmacht an, bis sich letztlich alles wieder von selbst beruhigte. Wie Wolken am Himmel vorbeizogen, ohne dass ich mich an sie klammern musste, konnte ich auch die Ausdünstungen meines Meisters vorbeiziehen lassen – auch wenn dabei mal die Augen brannten oder es im Hals kratzte. Wenn ich dagegen aufsprang und wie Rumpelstilzchen fluchend durchs Zimmer hüpfte, während ich mir die Nase zuhielt, verlängerte ich den Moment der Ablenkung nur, da ich meinem Geist erlaubte, das Geschehen in Begriffe zu fassen. War erst mal ein Begriff im Rennen, folgten meist noch drei bis achtzehn andere. Wie die Inuit angeblich zig Wörter für Schnee haben (so viele sind es in Wirklichkeit doch nicht, jedenfalls nicht mehr als bei den Bergbauern in den Alpen), so haben Hundebesitzer wahrscheinlich ein serienmäßig eingebautes Synonymlexikon für »Geruchsbelästigung«.

Wie sagte doch Zen-Meister Huangho im 9. Jahrhundert?

**Der Geist ist der Buddha,
während das Nachlassen des begrifflichen Denkens der Weg ist.**[31]

Unsere Fähigkeit, zu sprechen und Phänomenen Begriffe zuzuordnen, ist wahrlich eine große kulturelle Leistung, die ich keinesfalls schmälern möchte. Sie hat den Menschen durch die Möglichkeit der Kommunikation und gezielten Zusammenarbeit wohl erst zum Menschen gemacht. Dennoch funktioniert unsere Sprache meist dualistisch: Etwas ist entweder so oder so, selten ist es sowohl dies als auch das. Meist sprechen wir Urteile aus, bewerten ihrer Natur nach neutrale Phänomene als entweder gut oder aber schlecht. Gut oder schlecht für uns und unsere momentane emotionale Stimmung. Und mit jedem begrifflichen Urteil verkleinern wir den Spielraum des Phänomens. Es kann nicht mehr einfach das sein, was es ist, sondern wir machen es zu unserem Freund oder unserem Gegner. Dazwischen gibt es meist nicht viel. Natürlich müssen wir viele Situationen bewerten, um mit ihnen angemessen umgehen zu können. Wenn ein Kind auf eine vielbefahrene Straße läuft, können wir nicht danebenstehen und denken, dass diese Situation neutral zu beurteilen ist und wir sie so belassen, wie sie sich zeigt. Wir erkennen Gefahr und handeln entsprechend. Problematisch wird unser Urteilen erst, wenn es in unserem Geist zum Selbstläufer wird, nicht mehr abzustellen ist und alles aus dem Blickwinkel unseres Egos in zuvor angefertigte und beschriftete Schubladen steckt. Dann wird unsere Unterscheidungsfähigkeit von einem Werkzeug zu einem Herrscher unseres Lebens, der uns ständig antreibt, Angenehmem hinterherzujagen und uns mit allen Mitteln gegen Unangenehmes zu verteidigen.

Damit wird ein an sich harmloser Hundefurz zu einem tätlichen Angriff auf unsere wohlverdiente Ruhe während der Meditation, zu einer Kränkung unseres Egos, zu einem riesigen Problem, über das wir uns stundenlang aufregen können. In Wirklichkeit ist es einfach nur ein Furz, der innerhalb von wenigen Minuten weggeschnuppert ist – und der uns sogar in der Meditation oder Reflexion hilfreich sein kann.

Ich muss ganz ehrlich zugeben, dass bei verstärkter Lektüre einschlägiger Meditationsliteratur der generelle Unterschied zwischen Zen-Weisheiten und Hundeflatulenzen mehr und mehr verschwamm. Bobbas olfaktorische Anschläge und Meister Joshus Worte waren für mich von gleichem Wert, führten beide weg vom Abstrakten hin zur Wirklichkeit, schlugen sie einem förmlich ins Gesicht. Sie sprengten das begriffliche Denken, waren einfach da.

Diese Erkenntnis war wohl etwas, was man im Sinne der alten Zen-Meister als Erfolg verbuchen konnte, wenn nicht schon das Wort »Erfolg« lachhaft und gänzlich fehlgeleitet gewesen wäre.

Wie auch immer … Bobba ließ mir zumindest alle Unterstützung bei meiner Praxis zukommen. Es gab keine Meditationssitzung, bei der er nicht an meiner Seite war. Vielleicht war dieser Hund doch des Chinesischen mächtig und wusste, dass das Schriftzeichen für »Meditation« zwei Menschen zeigt, die nebeneinander auf der Erde sitzen. Im Unterschied zur landläufigen Meinung geht es bei der Meditation nämlich nicht um einsame Abgeschiedenheit und den Rückzug von der Welt, sondern im Gegenteil eher um ein gänzliches Sicheinlassen, ein Näherrücken an die Welt. Meditation bringt ein Miteinander auf Augenhöhe hervor, ein Gefühl für die grundsätzliche Verbundenheit allen Lebens. Wenn das gemütliche Schmatzen Bobbas meine Meditation begleitete, wurde mir das viel eher bewusst, als wenn ich ganz allein auf meinem Kissen hockte.

Gleichzeitig glaube ich, dass ein Hund es einfach mag, wenn sein Herrchen oder Frauchen entspannt ist. Das signalisiert ihm, dass alles in Ordnung ist und auch er sich entspannen kann. Und da Entspannung nun einmal ein willkommener Nebeneffekt der Meditation ist, ist sie auch für das Miteinander von Hund und Mensch hilfreich.
Bobba und ich fühlten uns bei unseren gemeinsamen Meditationen jedenfalls immer wohler. Ihn zu sehen, wie er angetrottet kam, wenn ich mich zur Meditation hinsetzte, und wie er augenblicklich vom aktiven in den meditativen Modus wechselte, war für mich jedes Mal der Beginn eines bewussten Hineinfallens in die Gegenwart. Bobba war stets ein lebendiges Beispiel von Offenheit und zugleich Fokussierung, er war auf eine ganz natürliche Weise präsent, die wir Menschen meist erst mühsam wieder erlernen müssen.
Denn warum sonst hätten die Meditationslehrer, Swamis, Zen-Meister, Wüstenväter, Benediktiner, Sufis und Rinpoches die vielen verschiedenen Methoden der Meditation entwickeln und überliefern sollen? Warum irgendetwas tun, wenn es doch darum geht, den jetzigen Augenblick so anzunehmen, wie er ist?
Nun, ich bin wahrlich kein Zen-Meister, aber nach meinem bescheidenen Verständnis dient die formale Meditationspraxis einzig und allein dazu, die Filter unseres Geistes hinter uns zu lassen, die rosa oder mit dunklen Wolken verzierte Brille abzunehmen und den Moment mit den eigenen Augen zu sehen. Das »Nachlassen des begrifflichen Denkens«, das Huangho als den Weg bezeichnete, lässt unseren umtriebigen Geist ruhen, sodass wir nicht ständig Gefahr laufen, unsere Tagträume, Wünsche, Ideen und Vorstellungen von der Wirklichkeit mit der Wirklichkeit selbst zu verwechseln.

Die Meditation ist die Beruhigung unseres unablässig plappernden Geistes, der sich in Überzeugungen, Theorien und Konzepten ergeht und dabei die Entfaltung dieser Wirklichkeit, der wirklichen Wirklichkeit, des Weges, des Tao verpasst. Die Essenz der Meditationspraxis ist für mich die Einübung eines neuen Sehens oder noch besser das »Bereitmachen« für diese spontan geschehende Öffnung unserer Augen und unseres Herzens. Während Bobba ohne die Fähigkeit eines begrifflichen Denkens noch ganz und gar in dieser völlig natürlichen Teilhabe am gegenwärtigen Moment verweilte, war ich durch die Entwicklung der Sprachfähigkeit und der damit einhergehenden Sortierung der Phänomene in begriffliche Einheiten im Grunde genommen *ver-bildet*, hatte mein Denken über die Welt das direkte Wahrnehmen der Welt abgelöst.

Das Sitzen auf dem Kissen ist in diesem Sinne eine Meditationsübung. Sozusagen eine Vorbereitung auf die wirkliche Meditation, die immer in unserem Alltag stattfinden muss. Wir üben auf dem Kissen, damit wir in unserem Alltag erwachen. Wir beruhigen unseren Geist und weiten ihn damit, öffnen uns für das Geschehen der Welt. Dann können wir den Mäusebussard am Himmel wahrnehmen und ihn förmlich durch uns hindurchfliegen lassen. Zwischen unserem Geist und dem Himmel besteht kein Unterschied mehr, wenn die Grenzlinien unseres Egos sich auflösen und Platz machen für die Klarheit des weiten Raums.

Der von mir über alle Maßen geschätzte Franziskanerpater Richard Rohr, der christliche Kontemplation lehrt, aber allen spirituellen Richtungen gegenüber sehr offen ist, erzählt in einem seiner Bücher von einem Gespräch zwischen einem Zen-Meister und seinem Schüler, das berühmt geworden ist für seinen Umgang mit der Frage nach dem Warum des Meditierens:

> »Kann ich irgendetwas tun, um die Erleuchtung zu erlangen?«
> »So wenig, wie du dazu tun kannst,
> dass am Morgen die Sonne aufgeht.«
> »Was für einen Zweck haben dann
> die spirituellen Übungen, die du lehrst?«
> »Du übst, damit du nicht schläfst, wenn die Sonne aufgeht.«[32]

Wir können also nichts tun und müssen dennoch gerade deswegen etwas tun. Das ist das große Paradoxon des meditativen Wegs. Der Wind weht ohne Absicht, doch wir müssen unsere Segel setzen, wenn wir uns von ihm treiben lassen wollen. Anderenfalls werden wir unser ganzes Leben am Strand stehen und aufs Meer starren, ohne es wirklich zu erfahren und seine Kraft zu spüren.

Auch wenn die Meditation somit scheinbar einem Zweck folgt, darf man nicht den Fehler machen, sie nur als zweckgebundene Technik anzusehen.

Taisen Deshimaru legte immer sehr großen Wert auf *mushotoku*, die Absichtslosigkeit in der Meditation. Wer danach strebt, durch die Meditation etwas zu erlangen, sei es Entspannung, Weisheit oder gar Erleuchtung, wird dieses Ziel sicher verfehlen, weil der zielgerichtete Geist nicht meditativ ist. Der zielgerichtete Geist beurteilt den jetzigen Moment als nicht ausreichend und strebt an, ihn zu verändern; das heißt, er ruht nicht im Augenblick, sondern zerrt an ihm herum. Deshimaru macht ganz deutlich, dass »es keinen Sinn hat, sich, wenn man Zazen übt, zu sagen: ›Ich muss dies oder das werden‹ – unbewusst, natürlich, automatisch können Sie es werden. Das ist die Essenz des Soto-Zen. Mushotoku ... ohne Ziel ... ohne Objekt, allein auf die Zazen-Haltung konzentriert.«[33]

Mushotoku lässt sich vielleicht am besten anhand des Bogenschießens erklären: Wenn wir uns nur auf das Ziel konzentrieren, es fest im Blick behalten, auf die Mitte der Zielscheibe starren, uns in dem unbedingten Willen zu treffen verkrampfen, dann werden wir wahrscheinlich meterweit vorbeischießen. Der bessere Weg ist es, sich so weit in den entspannten Augenblick hineinzubegeben, dass zwischen Schütze und Ziel, zwischen Subjekt und Objekt keine Trennung mehr besteht. Die fließende Bewegung aus Einlegen des Pfeiles, Spannen des Bogens, Loslassen der Sehne, Flug des Pfeils und Treffen des Ziels ist nur eine einzige Tat. Schütze, Pfeil und Ziel sind eins. Es geht nicht mehr darum, etwas Bestimmtes zu erreichen, sondern das Erreichen ist im Tun bereits enthalten. Übertragen auf die Meditation, bedeutet dies, dass man im Moment des Zazen ein Buddha ist. Der Unterschied zwischen unserem alltäglichen Geist und dem erwachten Geist des Buddha besteht in der Meditation nicht, auch die lineare Zeit, die offenbar abläuft, während wir uns von »alltäglich« zu »buddhagleich« entwickeln, wird im Zazen als Illusion erkannt. Wir sind Schütze, Pfeil und Ziel, wir sind Mensch, Meditation und Buddha-Geist. Alles zur gleichen Zeit, alles genau jetzt. Wenn es in diesem Sinne nichts mehr zu erreichen gibt, lässt sich auch folgende Aussage von Meister Joshu verstehen:

Schneidet den Buddhas der Belohnung und Befreiung die Köpfe ab, und ihr werdet zu wertvollen Menschen.[34]

Es gibt keine Belohnung am Ende des Meditationsweges, keine Erleuchtung, keinen Heiligenschein, kein Paradies, keine 72 Jungfrauen, nicht mal eine Kugel Eis oder ein T-Shirt mit einem witzigen Spruch darauf. Es gibt nur die Welt des gegenwärtigen Moments, den Mensch und die Meditation, die alle zusammen eine vollkommene Einheit darstellen.

Bobba hatte leichte Schwierigkeiten mit dem Bogenschießen, aber was die Meditation anging, machte ihm so schnell keiner etwas vor. Er trennte sie nicht von seinem restlichen Alltag, wie ich das mit meinen festen Meditationszeiten tat – er war einfach immer absolut präsent, sprintete völlig aufgelöst hinter einem Ball her, nur um im nächsten Moment entspannt auf den Rasen zu sinken, den Geist gänzlich zu leeren und nicht mehr zu wissen, wo er aufhörte und wo das Gras begann. Es war wirklich erstaunlich zu sehen, wie er von Anspannung zu Entspannung wechselte und dabei keinem der beiden Zustände den Vorzug gab, weil seine Welt nicht durch gedankliche Erwartungen verstellt oder getrübt wurde. Er musste sich den Moment nicht erklären, weil er der Moment war.

Ich konnte wirklich unendlich viel von ihm lernen …

Spontane Meditation

und der rasende Schneewal

---

*Und dann muss man ja auch noch Zeit haben,
einfach dazusitzen und vor sich hin zu schauen.*

ASTRID LINDGREN

ICH ERINNERE MICH an einen Wintertag, der einerseits Ewigkeiten her zu sein scheint, andererseits so präsent ist, als wäre es erst gestern gewesen. Ich stand im Wohnzimmer und starrte gedankenverloren aus dem Fenster, Bobba wie immer direkt neben mir, die Hinterpfoten auf einem Stuhl, die Vorderpfoten auf der Fensterbank und vor seiner Nase ein kleiner beschlagener Fleck an der Scheibe. Im CD-Player rotierte »Music for Zen Meditation« von Tony Scott, eine meiner Lieblingsplatten, die in den frühen 1960er-Jahren aufgenommen wurde, als »Entspannungsmusik« noch kein Synonym für wahllos aneinandergereihte Synthesizerklänge von der Resterampe war. Scott verbindet auf wirk-

lich einzigartige Weise europäische Jazztradition mit japanischer Klangästhetik. Draußen begann es zu schneien, während Klarinette und Shakuhachi eine improvisierte Verbindung eingingen und dabei von zarten Koto-Tupfern begleitet wurden.* Dicke Flocken segelten träge zur Erde, und die Welt schien wie verlangsamt. Die Töne von Tony

---

* Shakuhachi: japanische Bambuslängsflöte, die hauptsächlich zu Meditationszwecken genutzt wird. Koto: dreizehnsaitige japanische Zither.

Scott, Shinichi Yuize und Hozan Yamamoto drangen aus den Lautsprechern und schienen die Schneeflocken in ihrem Tanz zu begleiten. Die Welt war Improvisation und Schönheit – und Bobba und ich durften zusehen, ja sogar ein Teil davon sein, während die Musik der Stille einen Rahmen gab, ihr Raum verlieh. Es war wie eine Andacht, nur ohne jeden religiösen Imperativ. Wir sahen aus dem Fenster, bis die Musik aufhörte und nur noch unser Atem zu hören war. Draußen hatte sich eine dünne weiße Schicht auf Bäume, Häuser und Gehsteige gelegt, und ich habe selten etwas Schöneres gesehen. Die Stille, die in die Welt, in mein Wohnzimmer und in meinen Geist eingekehrt war, hatte meine Augen für das Wunder dieses Moments geöffnet.

Ich weiß nicht, ob ich diesen Moment genau so erlebt hätte, wenn ich nicht auch einer formalen Meditationspraxis nachgegangen wäre. Möglicherweise hatten die Erfahrungen dieser Praxis es mir ermöglicht, in jenem Augenblick einfach da zu sein. Ich war kein Hund, der die Welt immer auf solche Weise erlebte, sondern ein Mensch, der vielleicht ein wenig Übung brauchte, um derartige Momente des Nichtübens zu erleben. Doch geht es mir hier darum, deutlich zu machen, dass es diese Stille ist, die uns die Welt wirklich wahrnehmen lässt. Eine Stille, die wir durch keine Methode erzeugen können, sondern die uns einfach ergreift, die uns geschenkt wird in einem Augenblick, in dem wir auf ganz natürliche Weise von uns absehen können. Wir mögen komplizierte japanische oder tibetische Rituale erlernen, doch unsere Buddha-Natur wird uns wohl eher in einem einzelnen Ton einer Klarinette oder einer Shakuhachi begegnen, während wir einfach atmen und uns im Staunen über die Welt auflösen. Wir können uns intensiv mit Quantenmechanik befassen und faszinierende Theorien entwickeln, doch das Wesentliche werden wir nur erkennen, wenn sich unsere Augen wahrhaft öffnen, wenn wir ganz anwesend sind.

Neben meinem Hund kam ich mir an diesem Wintertag ein bisschen wie jemand vor, der es zur Hütte von Hanshan geschafft hatte, dem Einsiedler vom kalten Berg, und der jetzt hier mit ihm auf den Schnee sah. Still, weiß, Atem, beschlagene Scheibe, jetzt, vollkommen. Verloren im Augenblick und deshalb ganz und gar da.

Li Po, ein chinesischer Dichter des 8. Jahrhunderts, schrieb einmal:

> Wir sitzen zusammen, der Berg und ich –
> bis nur noch der Berg da ist.[35]

Wir schauen und atmen, bis der Abstand zwischen uns und der Welt nicht mehr vorhanden ist, bis wir uns in die Welt hinein aufgelöst haben. Der Hund und ich, der Schnee und wir, die Shakuhachi, die Klarinette, die Töne und die Stille zwischen den Tönen – alles eins. Alles genau jetzt hier. Kein Verlangen, etwas hinzuzufügen oder etwas zu entfernen. Ruhe ohne jeden Wunsch nach Veränderung der Situation.

Momente wie diese erlebte ich öfter mit Bobba, vielleicht weil seine tiefe Entspannung sich auf mich übertrug, weil sein ruhiges Atmen meinen Geist still machte oder er über wahnsinnig ausgefeilte magische Fähigkeiten verfügte – der Albus Dumbledore* unter den Meditations-

---

* Albus Dumbledore ist der Lehrer und Mentor von Harry Potter, dem wohl berühmtesten Zauberlehrling unserer Zeit.

lehrern. Ich vermute aber, dass unsere gegenseitige Zuneigung uns aufeinander einstimmte, ich mich in seiner Gegenwart einfach sauwohl fühlte und jede Anspannung weichen konnte. Manchmal sind die einfachsten Erklärungen ja die besten, und ein gut geschärftes Ockham'sches Messer war im Grunde das Einzige, was mir von meinem Philosophiestudium geblieben war ...

Ich musste mich allerdings auch wundern, dass Bobba die Schneeflocken so ruhig betrachten konnte, da er normalerweise völlig anders auf Schnee reagierte. Schnee war jedes Jahr aufs Neue Anlass zu einer Freude, zu der Menschen (zumindest die meisten Erwachsenen) gar nicht fähig sind.

Als ich an diesem Tag mit ihm rausging, war es dann auch eher so wie erwartet: Schnee machte ihn völlig verrückt. Er flippte absolut aus, rannte minutenlang im Kreis, so schnell er konnte, zischte ab zum Horizont, kam wieder angesprintet und hüpfte um mich herum, dass das Duracell-Häschen dagegen wie ein Troll auf Antidepressiva wirkte. Dann senkte er seinen Kopf, öffnete sein Maul und pflügte wie ein winziger brauner Bartenwal durch den Schnee, schaufelte sich das Zeug in Maul und Magen, konnte gar nicht genug davon bekommen. Ich hatte leider keine Möglichkeit, ihn davon abzuhalten – er war wie ein kleines Kind, das man mit einem Sack voller Geld allein in eine Eisdiele schickt. Jede Grenze fiel, und nachher musste ich ihn dann tröstend streicheln, wenn er mit Bauchweh auf seiner Decke lag. Aber den Spaß, den er hatte, war ihm das offensichtlich allemal wert. Ich habe noch nie zuvor und auch nach ihm nie jemanden erlebt, der sich so sehr über etwas freute. Vielleicht dachte er, der Hundehimmel hätte sich geöffnet und die Welt flächendeckend mit weißem Futter überschüttet. (»Wahnsinn, Alter ... Alles für mich! Ich drehe durch!«) Ich weiß es nicht. Aber ihm bei seinen Schnee-Eskapaden zuzusehen war wirklich etwas, was mein Herz zutiefst berührte. Er ging vollständig in seinem Tun auf und zeigte mir, dass Meditation nicht nur ruhiges Verweilen bedeutet, sondern generell das absolute Sicheinlassen auf die jeweilige Situation. Und wenn die Situation erforderte, den gesamten Schnee der Parkwiesen in sich aufzunehmen und wahrhaft eins mit ihm zu werden, innen wie außen, dann musste man eben genau das tun und verdammt noch mal Spaß dabei haben!

Das Sitzkissen war ein schöner trockener Ort, an dem man sich die Bedingungen schaffen konnte, die einem hilfreich für die Versenkung erschienen. Aber das wirkliche Leben, der vollkommene Schnee, der vollkommene Regen, die vollkommen vor Feuchtigkeit aufgequollene Parkbank, sorgten dafür, dass man auch mal nass wurde und auf diese Weise im gegenwärtigen Moment ankam. Bobba war ein Lehrer, der mir zeigte, dass es zwischen dem Sitzkissen, klitschnassen Socken und einer ebensolchen Hose keinen Unterschied gab. Alles war genau dieses Leben, dessen einzigartiger Teil wir sind, dessen wir uns nicht erwehren können (es aber immer wieder versuchen), das uns einfach packt, das einfach »Whooosh!« macht, unseren Kopf durchfegt und uns lächeln lässt.

Verzeihen Sie mir bitte die Comicsprache! Es gibt nur einfach kein wirklich adäquates Wort für den Moment, in dem uns die Welt freudvoll über den Haufen rennt, in dem wir uns gänzlich in das Geschehen hineinbegeben und unser Intellekt keine künstliche Trennung herstellt zwischen uns und dem, was ist. Wenn diese Grenzen fallen und wir nicht nur von Freude durchdrungen werden, sondern Freude sind, erscheint mir »Whooosh!« doch die erkenntnistheoretisch zutreffendste Bezeichnung zu sein.

Da Bobba diese Freude nur zu gut kannte und sie bei allem, was er tat, vermittelte, waren seine Belehrungen niemals langweilig, sondern schmissen mich immer direkt in einen Zustand des fröhlichen Nichtwissens und des hundertprozentigen Einlassens. Bobba war sozusagen die Kasperklatsche des Buddha – und kein anderer Lehrer wäre wohl für mich infrage gekommen, da sich die meisten humorbegabten Dharma-Lehrer schon vor langer Zeit zur Ruhe gesetzt hatten.

Wenn man sich die Berichte und Anekdoten über die alten Chan- und Zen-Meister anschaut, ihre unkonventionelle Art, ihre Spontaneität und Lebensfreude betrachtet und ihren unverstellten Zugang zur Welt genießt, die sich in ihrer Methode des Lehrens und in ihren Gedichten niederschlagen, dann ist man manchmal schon sehr verwundert über die formale und überritualisierte Kultur, die bei heutigen Zen-Sesshins gepflegt wird. Mir erscheint es fast so, als seien die Unkompliziertheit und Unmittelbarkeit von einer professionellen Lehrerkaste ins Gegenteil verkehrt worden.

Da war es mir doch viel lieber, gemeinsam mit meinem Hund am Bach zu sitzen und mich vom Geräusch des Wassers, das lachend und glucksend über blankgeschliffene Kiesel fließt, in die Welt hinein auflösen zu lassen, als dabei zuzusehen, wie ein schwarz gewandeter Glatzkopf sich inmitten anderer schwarz gewandeter Glatzköpfe in genau vorgeschriebener Reihenfolge mal hierhin, mal dorthin verbeugt, diesen und jenen festgelegten Schritt vollführt und ein Räucherstäbchen nach dem anderen abbrennt, nur um zu zeigen, wie verdammt traditionell und ernsthaft das Ganze hier abläuft.

Bobba hätte gesagt: »Zieht euch mal den Stock aus dem Hintern und spielt lieber damit!«

Zumindest habe ich selten solch humorlose Ödnis erlebt wie bei Zen-Sesshins. Rühmliche Ausnahme war allein Brad Warner, der aber wohl auch nicht der typische Vertreter der Zen-Kultur ist. Er begann zwar sein Sesshin auf ganz traditionelle Weise – und ich dachte schon: »Oje, schon wieder am falschen Ort!« –, zog dann aber seine Robe aus, setzte sich in Kiss-T-Shirt und Flecktarnhose hin und sagte zu den versammelten Zen-Praktizierenden, die stocksteif und mit versteinerten Mienen in schwarzen Kimonos dahockten: »Ihr könnt das gern anlassen – ich fühle mich darin blöd!«
Die entgleisenden Gesichter der Anwesenden: unbezahlbar!
Und ganz ernsthaft: Ich glaube, dieser Moment war für alle Beteiligten das Beste am ganzen Sesshin, denn genau das ist es, was Zen eigentlich ausmachen sollte: das Durchbrechen der gewohnten Denkmuster, das Infragestellen der eigenen Rollen und Masken, das Ankommen und Verweilen im jetzigen Augenblick, das Lachen über sich selbst und über alle sogenannten Autoritäten.
In diesem Sinne fasst Warner sein Verständnis von Zen in kurze, knackige Worte:

> Zen ersetzt alle Objekte des Glaubens durch eine einzige Sache: die Wirklichkeit selbst. Wir glauben nur an dieses Universum. Wir glauben nicht an ein Leben nach dem Tod. Wir glauben nicht an die Staatsgewalt. Wir glauben nicht an Geld oder Macht oder Ruhm. Wir glauben nicht an unsere Idole. (…) Wir glauben nicht an Buddha. Wir glauben bloß an die Wirklichkeit. Bloß das hier.[36]

Bobba wollte nicht, dass ich an ihn glaubte und ihn auf ein samtenes Lehrerpodest hievte. Deshalb fraß er tonnenweise Schnee, wälzte sich in Schafskacke oder in dem schwarzen Schmier eines seit Wochen toten Igels (o mein Gott, ich möchte Ihnen die unappetitlichen Details wirklich lieber ersparen), killte grüne Monstersessel oder stürzte sich kopfüber in den Mülleimer. Ich hatte auch einmal das zweifelhafte Vergnügen, bei einem seiner Paarungsversuche dabei zu sein, als er eine eher desinteressierte Hündin von hinten bestieg, dann das Gleichgewicht verlor und ganz langsam mit ihr zur Seite auf die Wiese kippte, worauf die Hündin wegrannte und er kurzzeitig frustriert zurückblieb. Ich habe selten etwas Erbärmlicheres gesehen! Kurze Zeit später war er aber schon wieder gut drauf, konzentrierte sich ganz auf seine Quietschball-Fangtechnik und auf die Dharma-Vermittlung für seinen zweibeinigen Schüler.

Bobba nahm sich selbst nicht allzu ernst und konnte sich daher auf jede neue Situation sofort einstellen, ohne sich überlegen zu müssen, in welchem Licht er nun dastehen würde. Er war einfach – wie Brad Warner es formuliert – »bloß das hier«.

Und dieses »Bloß das hier« reichte gänzlich aus, bot mir weit mehr, als meine Fantasie sich zurechtspinnen konnte. »Bloß das hier« war wirklich, wies in jedem Augenblick auf das Wesentliche hin und roch bei Regen ganz schön seltsam.

Einfach im Tao schwimmen

―

Ich würde gern irgendetwas anbieten, um dir zu helfen,
aber im Zen haben wir überhaupt nichts.

IKKYU SOJUN

DIE UNVERSTELLTE NATÜRLICHKEIT Bobbas, diese Fähigkeit, ganz er selbst zu sein, ganz in der Welt zu sein und doch nichts so ernst zu nehmen, als dass er sich bis in alle Ewigkeit den Kopf zerbrechen oder verzweifeln müsste, war für mich das Beeindruckendste an ihm – und vielleicht auch das Heilsamste für so viele Bereiche meines Lebens. Zeit seines Lebens war er stets die Hund gewordene Freude und Gelassenheit für mich, doch gab es auch bei ihm Momente der Trauer, die einem, wenn man ihn dabei beobachtete, fast das Herz brachen.

Bobba hatte einen guten Kumpel, mit dem er fast täglich einige Minuten spielte: einen Dobermann namens Charlie, der zwar schon ein paar Jahre älter als Bobba war, aber immer noch vor Energie zu bersten schien, wenn die beiden durch den Park tobten, miteinander balgten und dabei oft so grob erschienen, dass der Besitzer von Charlie und ich darauf angesprochen wurden, ob wir illegale Hundekämpfe organisierten. Wenn Bobba und ich in den Park gingen, kamen wir immer an Charlies Haus vorbei, wobei diese Bezeichnung kein achtloser Fehler meinerseits ist, sondern einfach die Wahrheit: Charlie war der geborene Wachhund, und sein eingezäunter Vorgarten war sein Königreich! Jeder Einbrecher, der dumm genug gewesen wäre, hier einzusteigen, wäre wohl auf mysteriöse Weise verschwunden. Man hätte vielleicht noch einen blutigen Schuh gefunden, aber mehr bestimmt nicht!

Zu uns war Charlie jedoch sehr zuvorkommend, und wir holten ihn und seinen Besitzer gern zu Hause ab, um dann gemeinsam den Park unsicher zu machen.

Irgendwann machte sich Charlies Alter dann aber doch bemerkbar. Er hatte Probleme mit der Hüfte und dann auch mit dem Herzen. Entsprechende Medikamente linderten das Ganze, aber der Niedergang geschah trotzdem recht schnell, und eines Tages hatte Charlie seinen Vorgarten für immer verlassen.

Ich weiß nicht genau, wie Bobba den Unterschied bemerkte, denn natürlich waren wir schon öfter an Charlies Haus vorbeigekommen und hatten den Vorgarten verlassen vorgefunden, wenn Charlie und sein Besitzer zum Beispiel bereits im Park waren oder sich im Urlaub auf dem Campingplatz befanden, der sozusagen Charlies Kolonie in der Fremde gewesen war. Doch auf eine mir unbekannte und unerklärliche

Weise spürte Bobba sofort, dass der Vorgarten von nun an verwaist bleiben und Charlie nie mehr zurückkehren würde. So niedergeschlagen hatte ich ihn noch nie erlebt – und das änderte sich auch in den nächsten Tagen nicht. Er schlich durch die Gegend, wirkte seltsam teilnahmslos, selbst mit seinem geliebten Quietschball konnte ich ihn nicht wirklich locken. Auch sein Futter schien ihm nicht mehr zu schmecken – und sogar Kauknochen ließ er links liegen.

Jeden Morgen, wenn ich dachte, es ginge ihm jetzt besser, weil er relativ normal auf mich wirkte, mussten wir an Charlies Haus vorbei. Bobba schnüffelte die gesamte Länge des Zauns ab und schleppte sich von da an in den Park, ohne Interesse, ohne Elan. Er tat mir wirklich leid, und ich machte mir echte Sorgen um ihn – und dann, eines Morgens, war er wieder ganz der Alte. Ich habe nicht die geringste Ahnung, was passiert war, aber ich hatte den Eindruck, dass die Zeit der Trauer nun einfach vorbei war. Er jagte mit der alten Begeisterung seinem Ball hinterher und stürzte sich nachmittags auf sein Futter, dass man Angst haben musste, er fräße den Napf gleich mit.

Ich konnte mir diese knapp zwei Wochen dauernde Episode nur im Nachhinein erklären. Bobba hatte sich wie auf alles, was ihm begegnete, völlig eingelassen. So wie er pures Glück sein konnte, war er in den vergangenen Tagen einfach pure Trauer gewesen und hatte seinem Freund auf seine Weise hinterhergeweint. Manche Tage waren Spiel und Freude, waren Kämpfe mit dem Zweibeiner um einen überdimensionalen Stock, waren Scheinattacken auf Charlie und Rennen, bis einem die Zunge wie eine Krawatte auf die Brust hing – und dann war Charlie nicht mehr da, und alles, wirklich alles, war ein großer Haufen Mist!

Einfach im Tao schwimmen

Es war nicht zu verstehen, es war ungerecht, es war einfach nicht richtig, und man konnte nichts anderes machen außer traurig sein ...
Und dann waren »alle Tränen geweint«, der Prozess des Wandels auch in dieser Sache akzeptiert, die Welt hatte sich weitergedreht und war nun um die Erfahrung reicher, wie sie ohne Charlie aussah. Das Tao floss dahin, floss durch den toten Körper Charlies, den lebendigen Körper Bobbas, durch beider Geist und ließ niemanden verloren gehen.
Bobba kehrte aus seiner Trauer zurück, nicht, weil er seinen Spielkumpan vergessen hatte, sondern weil die Zeit der Trauer völlig gelebt worden und damit vorbei war.

Vielleicht haben Sie die Vorstellung, ein Zen-Meister müsse über seinen Gefühlen stehen; doch das ist ein großer Irrtum.
Man wird nicht zu einem gefühllosen Klotz, nur weil man sich aufkommender Emotionen sehr bewusst ist und diese beobachten kann, ohne sich völlig von ihnen beherrschen zu lassen und jede auftauchende Negativität anderen Leuten unter die Nase zu reiben. Den Wandel anzunehmen bedeutet nicht, dass einem alles egal ist. Gelassenheit ist nicht Gleichgültigkeit, und Zen ist keine Empfindungslosigkeit. Wer seine Gefühle wegschiebt, lebt in Angst vor ihnen und ist sich seiner selbst und seiner Emotionen gerade nicht bewusst. Kein Zen-Meister hat je gesagt, dass Gefühle abgetötet werden müssten, um Zen zu praktizieren. Sein emotionales Innenleben abzulehnen und es nicht zu beachten ist im Grunde genommen das Gegenteil der buddhistischen Lehre.
Kodo Sawaki schreibt:

Was hat der Buddha eigentlich gelehrt? Dass jeder Einzelne von uns sich selbst erkennen muss, sich selbst ergründen muss, selbst herausfinden muss, was er hier und jetzt – in diesem Augenblick – wirklich zu tun hat.[37]

Wenn wir meinen, Gefühle würden nicht zu uns gehören, machen wir uns selbst unvollständig, töten wir uns selbst. Die Gefühle – und damit uns selbst – können wir nur ergründen, indem wir diese Gefühle erleben, in ihre wirkliche Tiefe abtauchen, uns anschauen, was sie mit uns machen, sie zulassen und sie durchleben, sodass aus einer auftauchenden und wieder verschwindenden Emotion eine Erfahrung wird, die uns reifen lässt.

Es gibt unzählige Berichte von Zen-Meistern, die von ihren Gefühlen übermannt wurden, wenn beispielsweise ein Schüler starb oder auch wenn wahre Schönheit in der Natur erlebt wurde. Wir finden solche Berichte sowohl bei Ryokan als auch bei Hanshan, und viele andere Zen-Meister werden ebenso nicht als harte Meditationsmachos, sondern eher als sehr einfühlsame Menschen beschrieben. Wie sollte man einfühlsam anderen gegenüber sein, wenn man selbst keine Gefühle kennt?

Eine Meditationspraxis – ganz gleich, ob Zen oder eine andere – sollte uns nur befähigen, diese Gefühle zu erkennen, sie wahrhaftig zu empfinden und uns dennoch nicht gänzlich von ihnen in Reiz-Reaktions-Maschinen verwandeln zu lassen. Was auch immer wir in diesem Moment empfinden, ist völlig in Ordnung, wie es ist – doch nicht alle Emotionen müssen völlig ungefiltert in Handlungen umgemünzt werden, die andere Wesen vielleicht verletzen.

Wenn das Tao mir heute Trauer beschert, dann bin ich traurig und am Boden zerstört. Anderen die Schuld an meinem Zustand zu geben und sie deshalb anzuschreien ist aber kein Ausdruck von Trauer, sondern davon, meine Emotionen nicht wirklich zu kennen und mich von einem unentwirrbaren Dschungel unbekannter Gefühle zu unbewussten Handlungen treiben zu lassen. Ich kenne mich selbst nicht und schlage blindlings um mich.

Für Bobba waren Gefühle etwas, was man nicht Jahrzehnte auf der Couch eines Psychoanalytikers mit vielen Worten verschwurbelt, sondern was man offen und ehrlich auslebt. Man schwimmt mit dem Tao, ganz natürlich treibt man dahin. Dann macht der Fluss des Lebens urplötzlich eine Schleife, in der das Wasser trüb, schlammig und kalt ist. Man kann sich nicht dagegen wehren, dass man sich an diesem Ort unwohl fühlt, doch dann gibt es einen meist verborgenen Zufluss, das Wasser wird wieder klar und von der Sonne gewärmt, die Uferböschungen sind mit schönen Pflanzen bewachsen, alles plätschert und gluckst fröhlich – und kein Hund, der etwas auf sich hält, würde einen Napf des schlammigen, kalten Wassers mitnehmen und weiterhin auf dem Kopf balancieren, um sich auch in Zukunft mies zu fühlen.
Es ist einfach, wie es ist. Gestern war es so, morgen wird es wieder anders sein. Nichts muss unterbunden werden, nichts muss abgekürzt, nichts künstlich verlängert werden.
Bobba war ein wahrer Hund des Tao: offen, ehrlich und einfach, sowohl in seiner Trauer als auch in Momenten, die weitaus amüsanter waren.

Ich hatte ja schon erwähnt, dass Bobba mich oft ins Büro begleitete und sich dort in die Herzen aller Kollegen schlich. Er hatte aber noch eine andere wichtige Aufgabe, die er gewissenhaft verfolgte. In meiner Tätigkeit im Verlag hatte ich oft mit neuen Autoren zu tun, die mir ihre Manuskripte vorstellten. Wenn es irgendwie möglich war (und das eingereichte Exposé berechtigten Anlass zur Hoffnung gab), versuchte ich immer, solche Treffen von Angesicht zu Angesicht zu planen. Ich hatte die Erfahrung gemacht, dass mich Menschen mehr begeistern konnten als nur das Lesen ihrer Ideen, und Begeisterung, die auf mich übersprang und die ich dann an den Buchhandel und den Leser weitergeben konnte, war das A und O des Geschäfts. Zudem entschied ich alles aus dem Bauch heraus, weil ohnehin niemand weiß, wie der Buchmarkt wirklich »funktioniert« und was genau über einen Bestseller oder einen veritablen Flop entscheidet. Von daher ging es mir bei diesen Treffen hauptsächlich um Sympathie oder Antipathie, um Klarheit oder Verwirrung, um ein gutes Gefühl oder ein schlechtes.

Bobbas bloße Anwesenheit war da schon der erste Indikator. Wenn mir jemand von seinem bahnbrechenden Werk über die Verbindung allen Seins erzählte (»Wir wissen doch: Alles ist eins, nicht wahr?«), den Hund im Büro aber irgendwie als eklig empfand, war das für mich bereits ein großer Schritt in Richtung Unglaubwürdigkeit. Nein, keine Sorge, ich verurteilte niemanden, bekam aber zumindest Zweifel.

Da Bobba stets auf jeden neuen Besucher zuging und ihn freudig begrüßte – »Hallo, ich bin Bobba, und du hast mir doch bestimmt etwas Leckeres mitgebracht« –, konnte ich immer gleich sehen, wie die Menschen reagierten, wie sie auf Ungewohntes ansprachen und wie es um ihre Herzlichkeit bestellt war.

Es gab bloß einen einzigen Menschen, den Bobba in all der Zeit nicht begrüßte – und das allein hätte mir schon zu denken geben müssen ...

Eines Tages rief mich eine entfernte Bekannte an, die ich von der Arbeit mit einem anderen Autor kannte, und erzählte mir beinah aufgelöst von einem Heiler, bei dem sie einige Sitzungen und Seminare mitgemacht habe. Jetzt war sie ganz aufgeregt, weil der Betreffende angedeutet habe, ein Buch schreiben zu wollen – und weil sie gerade mit ihm unterwegs sei und sie beide sich ganz bei mir in der Nähe befänden, schlug sie vor, ob sie nicht am Nachmittag vorbeikommen und über dieses geplante Projekt mit mir sprechen könnten. Da sie den Mann in den höchsten Tönen lobte, dachte ich mir, dass so ein Besuch ja nicht schaden könne, und sagte kurzerhand zu. Es würde dann noch jemand mitkommen, sagte sie, bevor sie auflegte.

Dieser ominöse »Noch jemand« entpuppte sich dann nachmittags als ein Tross von sechs oder sieben weiteren Schülern, die ihrem Meister auf Schritt und Tritt folgten. Entgegen seiner Gewohnheit blieb Bobba unter meinem Schreibtisch liegen, und keiner bekam auch nur ansatzweise mit, dass sich im Büro noch ein Hund aufhielt. Das kam mir schon recht merkwürdig vor, doch nach kurzer Zeit merkte ich, dass neben dem Ego des Meisters auch sonst nicht viel Platz hatte, weder andere Menschen noch Aufmerksamkeit für irgendetwas anderes als für ihn und schon gar kein Bürohund, der ja nun gewiss kein Entscheidungsträger war.

Kaum hatte der Meister Platz genommen und seine Jünger und Jüngerinnen um sich geschart, verfiel er auch schon ins überaus unsympathische und ungefragt belehrende Schwadronieren. Selten zuvor war ich Zeuge so vieler Kopfgeburten und wirrer Theorien, die er wohl offensichtlich in einer mir unbekannten Sphäre dieses Universums selbst zusammengezimmert hatte. Vor allen Dingen sagte er kein Wort zu seinem geplanten Buch, sondern dozierte so, wie er es wohl immer tat, wenn er auf willige Schäfchen traf. Während seine Schülerschaft an seinen Lippen klebte, verlor ich nach etwa einer halben Stunde (ja, ich hatte mir wirklich Mühe gegeben!) völlig den roten Faden, der dem guten Mann selbst wohl schon vor langer Zeit aus den wild gestikulierenden Händen entglitten war.

Ich unterbrach ihn mehrmals mit der Aufforderung, mir doch einmal in knappen Worten zu erzählen, worum es denn in seinem Buch gehen solle, was ihn aber nur dazu veranlasste, noch einmal weiter auszuholen und die Geschichte der Menschheit in die aberwitzigsten Zusammenhänge zu stellen. Begriffe zu kombinieren, die man nie, nie, NIE in einem Satz verwenden sollte, war seine Spezialität, die mir neben seiner Überzeugung, ein echtes Geschenk an die Menschheit zu sein, am meisten auffiel. Um es kurz zu machen: Es war unerträglich, und ich hätte am liebsten einen psychologischen Notdienst angerufen. Vielleicht hätten die irgendjemanden vorbeischicken können, am besten mit einem weich gepolsterten Transportbus, denn seine Schüler schienen mir ebenfalls leicht neben der Kappe zu sein. Ich schaute immer wieder zu der Dame herüber, die mir das hier eingebrockt hatte und die ich bis dato für halbwegs vernünftig gehalten hatte, um ihr stumm die Frage zu stellen: »Was hast du dir dabei gedacht?« Doch dann sah ich ihr seliges Lächeln und ließ alle Hoffnung fahren.

Einfach im Tao schwimmen

Kennen Sie Leute, die reden und reden und die es kein bisschen stört, wenn Sie sie unterbrechen, um endlich das Thema zu wechseln oder die Chance zu nutzen, schnell wegzulaufen? Hier vor mir saß der Anführer all dieser Wirrköpfe, die nur ihr eigenes Gewäsch interessiert. Das alles hatte erst ein Ende, als plötzlich Bobba aufstand, sich lautstark (und wie ich fand, irgendwie angewidert) schüttelte, sich dann durch die versammelten Leute quetschte und den Raum verließ. Wortlos natürlich, was für einen Hund selbstverständlich ist, ich hier aber dennoch erwähnen möchte, weil es genau diesen Effekt hatte, den man sich von einem wortlosen Abgang erhofft. Mit einem Mal herrschte verblüfftes Schweigen ob des Hundes, der förmlich aus dem Nichts aufgetaucht war und dann den Raum verlassen hatte. Ich war selbst ganz verdattert, weil Bobba sonst nie einfach ging, schon gar nicht, wenn Besuch im Büro war, aber das alles hier war wohl nicht nur mir zu viel.

Zumindest war ich schnell genug wieder Herr der Lage, sodass ich ein hektisches »Ja schön, dann rufe ich Sie demnächst mal an ...« zustande brachte und die Leute hinauskomplimentieren konnte. Winke, winke, Tür zu, Kopf schütteln und fassungslos auflachen! Um Himmels willen ... was war denn das gewesen?

Bobba stand im Raum vor meinem Büro und schaute mich an. »Du bist der beste Hund der Welt! Ganz ehrlich!« Ich war wirklich stolz auf ihn. Warum war ich nicht selbst auf die Idee gekommen, einfach zu gehen? Man muss ja schließlich auch mal auf die Toilette oder so. Aber ich war zum damaligen Zeitpunkt begrenzt durch Konventionen und eine falsch verstandene Höflichkeit – beides Dinge, die Bobba keinen Futterkrümel wert waren.

Ich brauche wohl nicht extra zu erwähnen, dass ich die Nummer des selbsternannten Heilers direkt in den Papierkorb beförderte, nachdem ich kurz überlegt hatte, sie rituell zu verbrennen, das aber wieder aus Gründen der Bürosicherheit verwarf.

Was ich an diesem Tag lernte, war: Man muss sich nicht jeden Mist anhören und dabei seine Zeit verschwenden – auch nicht, wenn man sich in sonst wie gearteten spirituellen Zusammenhängen befindet. Man kann auch freundlich und bestimmt Situationen beenden, die einem stinken. Das ist weitaus ehrlicher als ein höfliches Nicken, während man sich innerlich auf einer einsamen Insel visualisiert.

Das Tao war gnadenlos und schenkte einem keine vergeudete Sekunde seines Lebens zurück. Bobba schwamm im Fluss des Tao und nahm die Dinge so, wie sie kamen. Aber er ließ sich von niemandem döppen. (Anmerkung für Nichtwestfalen: Döppen bedeutet, dass man als Kind von irgendeinem Idioten im Schwimmbad untergetaucht wird und jede Menge Chlorwasser mit Pipi schluckt.)

Authentisch sein spart jede Menge Kraft und Nerven, stellte ich fest. Leben wie mein überaus weiser Hund war wirklich eine Alternative zu dem gekünstelten Getue, das mir so oft begegnete und das ich selbst leider viel zu oft an den Tag legte.

Teddy Ohnekopf

weist über Zen hinaus

Zen ist die größte Lüge aller Zeiten.

KODO SAWAKI

DIE ZUNEIGUNG VON HUNDEN kann seltsame Formen annehmen. Mir war es zum Beispiel immer etwas unangenehm, wenn ich Besuch hatte und Bobba seinen Teddybären anschleppte, dem er sorgfältig den Kopf vom Rumpf getrennt hatte. Dabei wirkte er immer ein bisschen wie eine Miniversion von Cujo*, und ich wartete eigentlich nur darauf, dass er meinem Gast mit verstellter Stimme etwas wie »Das mache ich gleich auch mit dir!« zuraunen würde – einfach nur so aus Spaß.

---

* »Cujo« ist die mordende Bernhardinerbestie aus dem gleichnamigen Stephen-King-Roman.

Ich kenne den Grund nicht, aber es hatte keine fünf Minuten gedauert, bis er den neuen Teddy, der ein Geschenk einer Freundin war, so zugerichtet hatte. Er stellte sich mit beiden Vorderpfoten auf die Brust des Bären, packte dann den Kopf mit den Zähnen und zog so lange, bis die Plüsch-Nackenmuskulatur nichts mehr entgegenzusetzen hatte. Teddy war eigentlich ein robuster Bursche, aber ein Hund, dessen liebstes Hobby Baumstammwerfen war, konnte selbstverständlich auch einem gefährlichen Grizzly den Kopf abreißen.

Dann zerrupfte er ihn aber nicht weiter, sondern ließ ihn genau so und hegte und pflegte ihn. Vielleicht hatte ihm einfach nicht gefallen, wie dieser Teddy ihn angestarrt hatte.

Ich unternahm mehrere Versuche, ihn zu reparieren, doch kaum war der Kopf angenäht, entfernte Bobba ihn wieder. Irgendwann verschloss ich dann einfach die »Halswunde« mit ein paar grobmotorischen Stichen, damit die Füllung nicht weiter herausquoll, und ließ dem Hund seinen Willen. Den Kopf entsorgte ich während einer mondlosen Nacht in einem abgelegenen Waldstück … Okay, erwischt: Ich warf ihn schlicht in den Müll. (Die andere Variante hört sich aber besser an.)

Von da an liebte Bobba Teddy Ohnekopf heiß und innig. Ein brauner Plüschrumpf mit Armen und Beinen und einer Dr. Frankenstein würdigen Naht anstelle eines Kopfes. Immer wenn Bobba ihn mir auf die Couch oder meinen Schoß schmiss, damit ich das Vergnügen hatte, den vor Sabber nassen Kuschelzombie mit spitzen Fingern zu beseitigen, hatte ich allerdings das Gefühl, dass der Hund mir etwas sagen wollte. Er wollte gar nicht mit ihm spielen, jedenfalls habe ich nie den Teddy für ihn geworfen und auch nicht mit ihm darum gekämpft, wie Bobba das sonst gern mit einem Stock oder einem Stück Seil machte. Es war,

Teddy Ohnekopf weist über Zen hinaus

als wollte er mir Teddy Ohnekopf einfach zeigen. Vielleicht war das seine subtilere Version des Stockhiebs an meine Schläfe, die meinen Kopf vor Jahren kurzzeitig ausgeschaltet hatte, damit ich mich überhaupt erst auf den Weg machen konnte, den Zen-Lehren eines Hundes zu folgen. So wie er immer wieder den Kopf des Stoffteddys entfernt hatte, hatte er auch immer wieder meine Versuche unterwandert, mich in meinen Kopf und mein begriffliches Denken zurückzuziehen.

Viele Zen-Lehrer wurden ja im Alter milder – und statt Stockschlägen präsentierte mir der langsam älter und ruhiger gewordene Bobba nun diesen Teddy, um mich daran zu erinnern, dass der Zen-Weg in gewisser Weise ein »kopfloser« Weg ist.

Jeder Moment, den ich versunken im Jetzt verbrachte, wurde zwangsläufig durch meinen Kopf, meinen Verstand zerstört, der die Erfahrung zu konservieren versuchte, indem er sie in Worte fasste. Ich fragte mich oft, wozu dieses unaufhörliche innere Selbstgespräch dienen sollte. Wollte ich mir selbst versichern, dass ich noch da war? »Hui, heute aber wieder superlange im gedankenlosen Raum verweilt – ich bin wirklich der Allergrößte!« War es einfach die Angst meines Egos vor der Weite der Erfahrung, vor der Grenzenlosigkeit, die es immer wieder drauflosquatschen ließ? Waren Worte und Begriffe mein unbewusster Anker in der illusionären, um mich selbst kreisenden Welt?

Offenbar nutzte ich alles, um mich irgendwo festzuhalten, selbst wenn es wie im Zen ums Loslassen ging …

Und eines Tages verstand ich es! Ich saß auf meinem Meditationskissen, mir war stinklangweilig, mein Geist plapperte munter drauflos, und die Zeit zog sich wie Kaugummi. Plötzlich klatschte mir Bobba seinen Teddy vor den Latz, sodass er auf meinen im Schoß abgelegten Händen liegen blieb. Hokkai-join und feuchter Plüsch. Ich schaute ihn an – und da erkannte ich es: Das war kein Stoffteddy, es war vielmehr einfach ETWAS. Ich hatte dieses Ding, was Bobba mit sich herumschleppte, immer aus einer bestimmten Perspektive betrachtet: als Teddy, dem der Kopf fehlte. Aber das hatte ich nur getan, weil mein Verstand an diese Bezeichnung gewohnt war. Als ich dieses ETWAS jetzt betrachtete, hatte ich keinen Begriff im Kopf, der es mich direkt einordnen ließ. Es war braun, in der Mitte verdickt, mit vier Auswüchsen, mehr oder weniger nass, leicht müffelnd, und an einer Seite hatte jemand auf dilettantische Weise versucht, eine etwa sieben bis acht Zentimeter große Öffnung mit einer Naht zu verschließen.

Teddy Ohnekopf weist über Zen hinaus

Sie sehen, ich benutze immer noch Worte, aber was soll ich auch machen? Das hier ist schließlich ein Buch – und solange Steven Spielberg noch nicht bei mir angerufen hat, wird es wohl so schnell auch keinen Film davon geben.

Worauf ich hinauswill: Auch nach Jahren der Meditationspraxis ordnete mein Verstand immer noch alles sofort einer sorgfältig etikettierten Schublade zu. Obere Schublade: Teddys. Untere Schublade: Teddys ohne Kopf.

Ich konnte nicht SEHEN, weil mein Geist so schnell darin war, Wahrnehmungen begrifflich zu sortieren, dass selbst Unerwartetes sofort mit Bekanntem verglichen und sofort kategorisiert wurde. Doch genau in diesem Moment, als mein Hund mich mit seinem drittliebsten Spielzeug bewarf (nach Ball und Frisbee), sah ich plötzlich einfach nur DAS.

Da war ETWAS, was auf meinen Händen lag, und es war einfach faszinierend. Ich kam mir vor wie Spock oder Data,* und fast hätte ich meinen Kopf schief gelegt, um diese Sache wie mein Hund zu betrachten. Letzterer saß übrigens direkt vor mir und schaute mich interessiert an.

»Hast du es endlich verstanden? Können wir jetzt Ball spielen gehen?«

»Ich glaube, ich sehe die Welt gerade so wie du.«

---

* Spock ist ein Crewmitglied der original »Enterprise«-Fernsehserie, der als rein logisch denkender Außerirdischer die Dinge erst einmal als neutrale Phänomene betrachtet, ohne ein Urteil über sie zu fällen. Data ist eine Figur aus der »Enterprise«-Folgeserie »The Next Generation«, der als künstlicher Organismus die Welt wie ein Kind anschaut und sich oft mehr schlecht als recht zu orientieren versucht. Eigentlich ist er ein moderner Pinocchio, der bemüht ist, ein »richtiger« Mensch zu werden.

»Und zack, vorbei! O Mann, ich sollte lieber dir den Kopf abbeißen! Vielleicht würde das helfen. Na ja, immerhin warst du für einen kurzen Moment tatsächlich still ...«
Ich hatte ja schon erwähnt, dass Bobba es auf eine perverse Art genoss, mich zum Deppen zu machen. Aber er hatte natürlich wie immer recht. Der Moment war verflogen, doch hatte etwas in mir erahnen können, wie ein freier Geist in der Wahrnehmung des BLOSS DAS HIER verweilen kann.

Ich ging mit Bobba in den Park, und mir wurde fast schwindelig beim Betrachten dessen, was mich umgab. Wo hörten die Bäume auf, und wo begann der Himmel? Wo endete das Gras, und wo begann der Erdboden? Alle Grenzlinien, die ich als so selbstverständlich hingenommen hatte, existierten nur durch die Begriffe meines Verstandes. Ich schaute mir meine Hand an und bewegte sie vorsichtig, schloss die Finger und öffnete sie wieder, bewegte sie durch die Luft und spürte den Hauch der Berührung, der dabei auf meiner Haut entstand. Die Spaziergänger müssen gedacht haben, ich sei auf einem LSD-Trip. Das war mir aber auch mehr als egal, da Bobbas trinkfeste Freunde, die natürlich schon wieder im Park herumsaßen, auch keinen frischeren Eindruck erweckten. Ein Mann, der auf der Wiese stand und mit leuchtenden Augen und einem leicht entrückten Lächeln seine eigene Hand betrachtete, fiel da wirklich nicht weiter ins Gewicht.
Bobba drängte mich nicht zum Ballspielen, wie es sonst seine Art war. Irgendwie schien er wohl zu spüren, dass ich ein wenig Zeit brauchte, um mich zwischen den unbenannten Phänomenen zurechtzufinden, die durch die fehlende Bezeichnung auch nicht mehr von mir

getrennt waren. Ohne Worte war mir das, was ist, weit näher als üblicherweise.
Es dauerte ein paar Stunden, bis diese Erfahrung langsam verblasste. Und auch als ich wieder in den »Normalzustand« zurückgekehrt war, fühlte ich mich von wohliger Ruhe, Frieden, Freiheit und Weite erfüllt. Reinhard Mey schaute bestimmt neidisch aus seinem Segelflugzeug zu mir herunter.

In den folgenden Tagen waren meine Meditationen eher ein aufmerksames Betrachten meiner eigenen geistigen Strukturen als ein ruhiges Verweilen im Augenblick. Dank meinem Erlebnis mit Teddy Ohnekopf bemerkte ich jeden Tag, wie ich Worte vor die Wirklichkeit stellte und mir selbst die Chance der Wahrnehmung raubte. Mein ganzer Verstand bewegte sich ausschließlich in der Vergangenheit und verglich alles, was ihm jetzt begegnete, mit bereits bekannten Dingen oder Sachverhalten. Ich nahm die Worte so wichtig, war so in meinen Begriffen verstrickt, dass ich alles Gegenwärtige, alles Reale an meine Vorstellungswelt anglich, statt mich umgekehrt von dem, was in diesem Moment tatsächlich geschah, über meine Begriffe hinausführen zu lassen.
Zudem musste ich leider erkennen, dass diese Struktur sich nicht nur auf meine Wahrnehmung von Alltagsdingen bezog, sondern dass ich auch zwischenmenschliche Begegnungen mit altbekannten Bildern abglich. So hatten Menschen kaum eine Chance, aus der Schublade zu entkommen, in die ich sie vor Jahren gesteckt hatte, obwohl ich mir einbildete, dass ich mein mit der Hilfe Bobbas gefundenes Lebensmotto »Situation statt Position« wahrhaft verkörperte.
Und auch spirituelle Sichtweisen waren nicht vor dieser geistigen Struktur sicher. Wenn ich genau hinschaute und ehrlich zu mir selbst war, ver-

glich ich meine Erlebnisse und Erfahrungen in der Meditation mit dem, was ich in Büchern las. War dies oder jenes auch wirklich Zen? Was sagte Shunryu Suzuki zu solchen Dingen? Wie stand Taisen Deshimaru dazu?

Wäre dieses Buch ein Roman, wäre das jetzt wohl die richtige Stelle, an der der Hund sich räuspern und dann mit hochgezogenen Augenbrauen auf den kopflosen Teddy deuten könnte. Leider geschah das nicht, aber ich kann zumindest vermelden, dass mein Blick von selbst auf das braune Etwas fiel.

Auch wenn ich nicht vorhatte, mir den Kopf abzuschneiden, und auch fand, dass mein Verstand mir oft wertvolle Dienste erwies, merkte ich doch, dass das Ding auf meinen Schultern nicht immer mein bester Freund war.

Ich hatte geglaubt, Zen sei das Beste für mich, ich solle Zen praktizieren, Zen-Bücher lesen und den Zen-Geist verwirklichen. Doch Zen war ein Wort wie jedes andere auch. Es war eine Bezeichnung für etwas, und wie jede Bezeichnung schränkte sie das ein, worum es wirklich geht.

Wie jede spirituelle Richtung ist auch Zen nicht davor gefeit, sich selbst zu verehren und in selbstbezogenen Strukturen zu verkrusten. Auch wenn es im Zen das berühmte Beispiel vom Finger und vom Mond gibt, wobei der Finger nur auf das Ziel weist, aber selbst nicht das Ziel ist, kann auch hier die eigene spirituelle Tradition als letztes Ziel missverstanden werden: »Wir gehören dazu, alles ist gut!«

Auf vielen spirituellen Wegen wird leider die Gruppenzugehörigkeit als enorm wichtig angesehen – und irgendwann ist diese Zugehörigkeit dann der einzige Inhalt, während die eigentliche Lehre, die eigentliche Befreiung, außen vor bleibt. Man gehört zu einem elitären Zirkel derjenigen, die es besser als die anderen wissen und die darum den einzig richtigen Weg gehen. So wird der Weg verehrt, aber nicht das Gehen – schon gar nicht das Gehen, das einen vom einmal eingeschlagenen Weg wegführt und unbekannte Nebengassen und wenig betretene Pfade sichtbar macht.

Auch der Zen-Weg war breit getrampelt worden, bis das Wort »Zen« zur asphaltierten Straße wurde, die den Wildpfad des eigentlichen Zen überdeckte. Doch Freiheit findet man nicht durch Imitation, nicht durch ständiges Vergleichen der eigenen Erfahrung mit einer Tradition. Kodo Sawaki sagte: »Den Buddhaweg zu praktizieren bedeutet, dein eigenes Leben zu schöpfen, es bedeutet, deinen eigenen Weg zu finden, um dieses Leben zu leben.«[38]

Bobbas ganze Art hatte versucht zu verhindern, dass ich Zen als etwas dem schnöden Alltag Enthobenes ansah und es glorifizierte. Er hatte mir so vieles vorgelebt, das mich von der Versuchung, dem bloßen und nackten Da-Sein aus dem Weg zu gehen und meine Energie lieber in ein Wolkenkuckucksheim zu investieren, hätte befreien sollen. Ein Zen-Wolkenkuckucksheim ist schließlich immer noch ein Wolkenkuckucksheim – nicht besser als jede andere Illusion. Wahres Zen zielt auf die unmittelbare Wahrnehmung ab, doch wenn wir Zen verehren, ihm einen Sonderplatz einräumen, tauschen wir einfach unsere übliche Brille aus gesellschaftlichen Konventionen gegen einen Zen-Filter aus und haben immer noch keinen Blick in die Wirklichkeit geworfen. Wenn wir Zen sind, können wir nicht wir selbst sein. Dann sind wir Zen-Übende – und nicht einfach da, nicht einfach vorhanden als das unbeschreibliche ETWAS, das wir wahrhaft sind.

Ich stand schon mit beiden Füßen in dieser Falle, als Bobba mir ein angesabbertes Plüschteil hinwarf, um mir zu zeigen, dass Zen nicht mehr war als die Aneinanderreihung von drei Buchstaben.

Bobba war ein Meister, der sich ganz bewusst abseits der Klostertradition stellte und nichts mit diesem ganzen Apparat aus Ernennungs- und Bestätigungsurkunden, aus Dharma-Übertragungen und Linienhaltern zu tun haben wollte. Früher lebten solche Meister zurückgezogen auf irgendwelchen chinesischen oder japanischen Bergen, bauten sich dort eine kleine Hütte und froren sich im Winter den Hintern ab. Heute haben sie Fell und eine gemütliche Decke, sodass sie ihre Zeit in aller Bescheidenheit bei ihren zweibeinigen Schülern verbringen können. In unserer verkorksten Gesellschaft scheint Rund-um-die-Uhr-Betreuung manchmal sinnvoll zu sein, wenn man den Blick für das Wesentliche frei bekommen möchte.

Auf diese Weise lehrte mich Bobba, dass Zen über Zen hinausführt und Zen hinter sich lässt. Wenn es das nicht tut, ist es kein echtes Zen. Wahres Zen fühlt sich auch nicht gekränkt, wenn man es nicht »Zen« nennt. Es ist so, wie Kodo Sawaki es darstellt:

> Was ist das Ziel unserer Praxis? Uns auf der Grundlage der Lehre von Buddhas und Patriarchen täglich neu zu erfinden, in diesem Leben, in dem jeder einzelne Tag der allererste ist. In diesem grenzenlosen Leben geht es darum, wie wir uns selbst erfinden – vollkommen neu, ohne irgendjemanden nachzuahmen oder uns auf auswendig Gelerntes zu berufen. Schöpfe dich selbst, erfinde dein eigenes Leben neu![39]

Jeder Tag in diesem Leben ist der allererste. Jeder Moment ist neu, doch alle unsere Begriffe, ihn zu beschreiben, sind alt. Das gilt auch für das Verhältnis von Momenten der Meditation und den Traditionen, die sich schon lange mit diesen Momenten befasst haben.

In dieser Zeit entdeckte ich die Werke von Toni Packer, die sich nach langen Jahren der Zen-Praxis davon verabschiedet und etwas ganz Eigenes gemacht hatte, was auf mich so ehrlich, authentisch und unprätentiös wirkte, dass es sich wie eine Befreiung anfühlte, ihre Bücher zu lesen. Ebenso fiel mir ein wunderbares kleines Büchlein von Clark Strand in die Hände, dessen Titel *Einfach meditieren* genau das war, was ich wollte. Auch Strand war lange Zeit ein Zen-Praktizierender gewesen, allerdings weitaus ernsthafter und ehrgeiziger, als ich es jemals hätte sein können. Er war Zen-Mönch gewesen, hatte wie Packer die Leitung eines Tempels übernehmen sollen und dann festgestellt, dass dies nicht wirklich sein Weg war, sondern der Weg eines anderen. Er schmiss alles hin und schrieb ein Buch für Menschen, die in ihrem ganz normalen Alltag meditieren möchten, dabei aber von Religionen die Finger lassen wollen. Gleich zu Beginn sagt er:

> Gibt es für uns eine Möglichkeit, zur Besinnung zu kommen und uns selbst, unser Leben und andere Menschen im gegenwärtigen Augenblick zu erfahren, ohne dafür neue religiöse oder philosophische Ideologien annehmen zu müssen? Kann Meditation außerhalb eines ideologischen Rahmens existieren als etwas, das einfach menschlich ist, deswegen aber nicht weniger tief gehend sein muss? Was würde passieren, wenn man die so lange von den Religionen verwaltete Meditation von der Leine ließe?[40]

Wie berechtigt diese Fragen doch sind. Und wie großartig, dass Strand mich mit dem Stichwort »Leine« noch die Kurve zum besten Lehrer aller Zeiten kriegen lässt.

Ich brauchte wirklich lange, um das, was ich tat, und meine Erfahrungen, die ich hierbei machte, nicht mehr benennen zu wollen – doch der, dem jede Leine zuwider und vor allem völlig unverständlich war, legte sich echt für mich ins Zeug, sodass ich es irgendwann doch noch kapierte. Er musste sogar einen lebensgefährlichen Kampf mit einem wilden Grizzly auf sich nehmen, um mir ein Bild zu liefern, das ich verstehen konnte und das mich weg von den Begriffen hin zur Wirklichkeit führte.

Während ich dies hier nun Jahre später schreibe, stelle ich mir vor, wie Bobba über meine Schulter auf den Bildschirm sieht, die Augen verdreht und so etwas sagt wie: »Meine Güte, wie kann man über so eine simple Sache so viele Worte verlieren? Vergiss einfach Zen, spiel mehr Ball – und zwar so, wie nur du spielen kannst!«
Wie gesagt: Wer braucht schon einen Zen-Meister, wenn er einen Hund hat?

Zwei Narren

Du bist ganz schön gewitzt für einen ohne Fell.

ALF

ES GIBT EINE SCHÖNE GESCHICHTE über Kakua, den ersten Japaner, der in China Chan studiert hatte. Bobba hätte diese Geschichte sicher gefallen. Als Kakua nach Jahren des Lernens und Meditierens in sein Heimatland zurückgekehrt war, wurde er vom Kaiser eingeladen, ihm etwas über seine Erkenntnisse zu berichten. »Sag mir, was du alles in China über die Lehre des Buddha erfahren hast!«, bat der Herrscher. Kakua zog daraufhin eine Flöte aus dem Ärmel, spielte eine kurze Note, verbeugte sich höflich und verschwand auf Nimmerwiedersehen. Dieser eine Flötenton, der in der Stille auftaucht und wieder vergeht, der ganz kurz eine ganze Welt ist und dann nur noch eine verwehte Erinnerung – das war für mich die beste Erklärung des Zen, die sich in der ganzen buddhistischen Literatur findet. Seit meinem Erlebnis mit Teddy Ohnekopf konnte ich wirklich von allen komplizierten Erörterungen über Zen absehen, musste mir selbst nichts mehr erklären, sondern konnte einfach die Zeit mit meinem vierbeinigen Lehrer genießen. Wenn ich meine Meditation nicht mehr »Zazen« nannte, grenzte ich sie nicht mehr auf die Zeit ein, in der ich auf dem Kissen saß, sondern erweiterte diesen Erfahrungsbereich ebenso auf das Einkaufen, das Ballspielen, das Musikhören und das Futtersackschleppen für meinen hungrigen Meister.

In der folgenden Zeit, die Bobba und mir noch miteinander vergönnt war, erkannte ich immer mehr (und an manchen Tagen natürlich auch weniger), dass jede Bezeichnung meines Weges ihn zu etwas Speziellem machte und ihn nicht einfach DAS HIER sein ließ. Meine Idee, Zen zu praktizieren, hatte – *mushotoku* hin oder her – ein gewisses Ziel in mir installiert, das mit meinen Vorstellungen über Zen verknüpft war und Bilder von japanischen Klostergärten, wie Statuen sitzenden Meistern und meiner Verwandlung in einen von ihnen enthielt. Doch Bobba hatte niemals gewollt, dass ich zu etwas anderem wurde. Das Einzige, was ihn interessierte, war, dass ich ganz ich selbst wurde und alle seltsamen Ideen losließ, die mich daran hinderten, einfach nur Ball zu spielen und DIESEN MOMENT vollständig in mir aufzunehmen. Er hätte sofort seine in Tinte getauchte Pfote unter eine Äußerung von Alan Watts gesetzt:

> Wenn Sie also zu mehr werden wollen, als Sie sind, zu etwas, das sich von Ihnen unterscheidet, oder zu etwas, das höher steht, als Sie zu stehen glauben, dann zeigt dies nichts anderes, als dass Sie noch nicht entdeckt haben, wo Sie sind, und dass Sie im Banne der Illusion leben, es gebe noch einen anderen Ort außer dem Hier, an dem Sie sein sollten.[41]

Mit Bobba war ich jetzt genau hier, und es gab keinen anderen Ort, an dem ich lieber gewesen wäre. Gerade weil ich Zen vergaß, praktizierte ich wohl zum ersten Mal in meinem Leben wirkliches Zen. Bobba hatte mich von meinen Gedanken über Zen befreit und mich im Fluss des Tao ertrinken lassen, bis ich von selbst merkte, dass ich schon immer unter Wasser atmen konnte. Ich lachte – und in meinem Bauch gluckerte das Tao über Kiesel, Bücher und Belehrungen hinweg. Ich fühlte mich, wie Ryokan einmal sich selbst beschrieb:

> Wie ein kleines Bächlein
> Durch bemooste Felsspalten
> Seinen Weg findet,
> So, auf eine stille Weise,
> Werde auch ich klar
> Und durchscheinend.[42]

Genau wie mein Hund war ich zu einem Narren geworden, der nirgendwo mehr hineinpasste und sich aus diesem Grund überall zu Hause fühlen konnte. Die abgeranzte Parkbank war mir so lieb wie der Meditationsraum im Retreat-Haus, der Weg zum Supermarkt erschien mir ebenso still oder nicht still wie die Gehmeditation beim Sesshin. Ich floss wie das kleine Bächlein Ryokans einfach bergab, plätscherte dahin und hatte keinerlei Verlangen mehr, meinen Weg oder mich selbst mit einer Bezeichnung zu versehen.

Durch das Zen vermittelt, entdeckte ich die christliche Mystik neu und konnte mich an ihr erfreuen, ohne als Christ »wiedergeboren« werden zu müssen. Die Möglichkeiten zu lernen wurden mit jedem Tag größer, wenn ich mir Meister Eckhart und Kodo Sawaki im Gespräch vorstellte, wenn ich mir ausmalte, wie Abbas Poimen und Abbas Antonius sich in einem Zen-Kloster beim Klang einer Glocke oder einer Shakuhachi-Note verbeugten oder wie Thomas Merton in einem Tuschekreis Gott entdeckte.

Formen und Namen spielten keine Rolle, ganz im Gegenteil. Worauf es ankam, war nur der Geist, der in sich selbst ruhte und sich in der Stille dem Ganzen der Welt öffnete.

Meister Eckhart sagte: »Ich bete jeden Tag zu Gott, dass er mich von Gott befreien möge.« In gleicher Weise heißt es im Zen: »Triffst du den Buddha unterwegs, töte ihn!« Dieses vollkommene Leerwerden von allen Bildern öffnet uns für die Essenz der jeweiligen Lehre, die sich auf diese Weise immer näherkommen.

Bobba hatte es mir ständig vorgelebt. Er hatte nicht die Spur eines falschen Respekts in sich. Eine Buddha-Statue aus Leberwurst hätte er ohne Zögern innerhalb von wenigen Minuten aufgefressen, doch gleichzeitig begegnete er der Katze einer Nachbarin mit so viel Wohlwollen, dass diese sich zu ihm auf seine Decke legte, wann immer sie eine Möglichkeit sah, in unsere Wohnung zu gelangen – woraufhin die beiden dort friedlich Seite an Seite schlummerten. Genauso hätte er, ohne viel nachzudenken, an ein Kruzifix gepinkelt, hätte aber niemals diese Katze, die uns manchmal todesmutig bei unseren Spaziergängen im Park begleitete, im Stich gelassen und ihr nicht beigestanden, wenn ein anderer Hund sie angriff. Bobba hatte die Gabe, alle spirituellen Lehren auf das Wesentliche zu reduzieren und dieses Wesentliche zu leben.

Er kam mir wirklich oft wie eine Fellversion von Ryokan vor, der demütig sein nicht gerade akademisches Verständnis des Buddhismus zugab, sich von seinem großen Herzen in manch zärtliche Narretei geführt sah und von sich selbst sagte:

> Ja, ich bin wirklich ein Dummkopf,
> lebe inmitten von Bäumen und Pflanzen.
> Bitte frage mich nicht
> Nach Illusion und Erleuchtung –
> Dieser alte Mann lächelt einfach gerne
> Sich selber zu.[43]

Entspannt sich selbst zulächeln und dabei alle Wesen zu sich einladen – das konnte Bobba wie kein Zweiter. Und nachdem ich einige Jahre an seiner Seite verbracht hatte, konnte ich mich immerhin in dieser Kunst versuchen.

Wer von allen Bildern und Stereotypen absieht, das »Spiel« einfach nicht mehr mitspielt, läuft natürlich Gefahr, belächelt zu werden, so wie es allen Narren, zwei- wie vierbeinigen, immer geschehen ist. Aber Narren, die lieben, die verrückt sind vor Offenheit, sind auch unendlich frei – frei, sich im Tao zu entfalten; frei, dem eigenen Weg zu folgen, auch wenn sie nicht die geringste Ahnung haben, wohin dieser Weg führen soll; frei, loszulassen und bei dem zu verweilen, was gerade ist.

Es gab Momente, da wünschte ich mir sehr, ein so großer Narr wie Joshu, Ryokan, Hanshan oder auch Alan Watts zu sein – doch nachdem ich vierzehn Jahre lang beim Großmeister aller Narren in die Lehre gegangen war, merkte ich dann doch noch, dass ich mir selbst meine eigene Narrenkappe nähen und täglich tragen musste, um wahrhaft leer zu werden, um wahrhaft das zu sein, was ich bin, um einfach einen Fuß vor den anderen zu setzen und den Weg beim Gehen zu entdecken.

Und nur das fröhliche Klingeln meiner eigenen Narrenkappe würde mich daran erinnern, meine Sicht der Dinge nicht allzu ernst zu nehmen.

Bobba zwinkerte mir zu: »Nicht schlecht. Für einen ohne Fell ...«

Die letzte Lektion
Abschiednehmen für Anfänger

Der Hund hat die ganze Welt geliebt.
Ein Wunder, dass er das vierzehn Jahre lang ausgehalten hat.
RICHARD POWERS IN »ORFEO«

AUSSER BEI SEINEN IMPFTERMINEN war Bobba nur sehr selten beim Tierarzt gewesen. Einmal biss ihn eine Hündin, der er wohl ein bisschen zu aufdringlich geworden war, ein anderes Mal pierce ihm ein wehrhafter Igel die Lefze, wofür ich ihn gebührend auslachte. Ich wusste gar nicht, dass Igel auch beißen können, aber wenn man sie gar nicht in Ruhe lässt, wird wohl auch der friedliebendste Mecki zur reißenden Bestie. Das kleine Stacheltier hing so fest an Bobbas Gesicht, dass ich erst dachte, ich müsste einen Bolzenschneider holen, um ihn zu befreien. Letztlich ließ er dann aber doch von ihm ab, und Bobba versteckte sich hinter mir, um diesem hinterlistigen Monster zu entkommen.

An einen dritten Besuch beim Tierarzt kann ich mich auch noch erinnern, als Bobba ein vergiftetes Wurststück im Park gefunden und natürlich sofort hinuntergeschlungen hatte. Kurze Zeit später begann er aus Nase und After zu bluten, und da ich damals kein Auto hatte, musste ich die zwei Kilometer zum Tierarzt mit ihm zu Fuß gehen, wobei er eine Spur von Blutstropfen hinter sich herzog. Ich dachte ehrlich, dass es das für ihn gewesen sei, und auch der Tierarzt machte mir zuerst keine allzu großen Hoffnungen. Bobba bekam eine Infusion und eine weitere Spritze, erbrach sich ein paarmal in die Praxis, und wie durch ein Wunder hatte er sich kurze Zeit später wieder erholt und sprang herum wie eh und je. Der Tierarzt war ziemlich verblüfft und meinte, der Hund müsse wohl von innen mit Edelstahl ausgekleidet sein.

An dieser Stelle sei mir ein kleiner Hinweis an die Menschen erlaubt, die gern alle Hunde loswerden würden: Wer Hunde so sehr hasst, dass er meint, vergiftete Köder auslegen zu müssen, sollte sich einen Ratschlag des buddhistischen Weisen Shantideva zu Herzen nehmen. Der schreibt in seiner Abhandlung über die Geduld sinngemäß, dass man natürlich die ganze Welt mit Leder beziehen könne, um sich nicht die Füße zu verletzen, es aber ebenso genüge, einfach Schuhe zu tragen und die Welt so sein zu lassen, wie sie ist.[44]

Nun, allen Hundehassern zum Trotz erfreute sich Bobba die meiste Zeit seines Lebens einer blendenden Gesundheit. Auch der Vorfall mit dem Giftköder war am übernächsten Tag vergessen, und seine Aufmerksamkeit galt wieder ganz seinem Frisbee oder seinem Ball.

Aber wie das bei allen Wesen ist, zeigten sich irgendwann auch bei Bobba die ersten Anzeichen des Älterwerdens. Mit zwölf wurde er langsamer und war nicht mehr so aufs Spielen versessen. War er früher auch oft allein losgezogen, um sich mit anderen Menschen zu »unterhalten«, wenn ich im Park ein Buch las, lag er fortan immer bei mir und stromerte nicht herum. Sein Gang wurde ein wenig steifer, und der Arzt stellte Arthrose in der Wirbelsäule (eine sogenannte Spondylose) und der Hüfte fest. Er bekam Medikamente, aber die schienen das Fortschreiten der Krankheit nur unwesentlich zu verzögern. Die Spondylose löste Nervenschmerzen aus, und er zog sich trotz Schmerzmitteln nach und nach in eine Schonhaltung zurück. Sein Bart wurde immer weißer, er entwickelte sich zum alten Knacker mit Monokel und Krückstock und bereitete sich darauf vor, mir eine letzte Lektion in Sachen Vergänglichkeit zu erteilen.

Dann fraß er plötzlich nicht mehr gut – und das machte mir nun wirklich Sorgen! Der Besuch beim Tierarzt ergab die Diagnose Milztumor, der – wie so oft bei Hunden – schon stark metastasiert hatte. Eine Operation kam nicht mehr infrage, und die allgemeine Lebenserwartung betrug drei bis vier Monate, wie mir mitgeteilt wurde.

Ich nahm ihn wieder mit nach Hause, er bekam weiterhin seine Schmerzmittel, meditierte mit mir, machte langsame Spaziergänge und ließ mich innerhalb eines halben Jahres sein sanftes Verschwinden aus dieser Welt eingehend betrachten. Er wandelte sich von demjenigen, der mich stets mitgerissen hatte, der mehr Energie hatte als mein ganzer Freundeskreis zusammen, zu einem Hund, den man überreden musste, nach draußen zu gehen.

Und eines Tages stand er gar nicht mehr auf. Er lag auf seiner Decke und schaute mich nur hilflos an, als ich mit der Leine klimperte und ihn rief. Seine Augenbrauen waren das Einzige, was noch so beweglich war wie früher. Ich glaube, es gibt keinen Tag, vor dem ich mich so gefürchtet und dessen unaufhaltsames Kommen ich so verdrängt hatte. Der Tierarzt hatte mich darauf vorbereitet und mir zu verstehen gegeben, dass Haushunde wie Bobba nicht von allein starben. Während Wildhunde einfach verhungerten, wenn sie nicht mehr jagen oder anderweitig Futter suchen konnten, siechten unsere Haushunde dahin, wurden weiter von uns mit Futter versorgt und schleppten sich durch ihre letzten, immer länger und langweiliger werdenden Tage. Wenn sie sich dann aber gar nicht mehr bewegen konnten, war es an uns Menschen, etwas zu unternehmen und sie in Würde gehen zu lassen. Auf der Verstandesebene wusste ich das alles, aber dennoch kam mir das Ganze wie ein seltsamer und ziemlich mieser Traum vor.

Ich legte mich zu Bobba, streichelte ihn und bildete mir ein, dass er mir zuflüsterte: »Mach etwas! Mach irgendetwas!« Ich merkte, wie ich mich innerlich gegen diese Verantwortung sträubte, ihr aber nicht entkommen konnte. Ich versuchte, ihn noch mehrmals zum Aufstehen zu bewegen, sah dann aber ein, dass sein Tag des großen Wandels gekommen war. Ich telefonierte mit dem Tierarzt und suchte nach einem Ausweg, aber er legte mir nahe, wann auch immer ich bereit sei, vorbeizukommen und Bobba endgültig von seinen Schmerzen zu befreien. Er bezeichnete das als die letzte und traurigste Pflicht eines Menschen, der seinen Hund liebt – und ich wusste, dass er recht hatte.

Ich gab Bobba noch ein ganz besonderes Leckerchen, streichelte ihn lange und redete mit ihm, erzählte ihm alles Mögliche, fragte ihn, ob er sich an dies oder jenes erinnere. Vierzehn Jahre lang war er mein bester Freund gewesen, hatte Trennungen und Umzüge mitgemacht, war dabei, als ich mich neu verliebte, als ich nicht zuletzt aufgrund seiner Lebenslehren mein Studium abbrach, hatte noch meine älteste Tochter kennengelernt und war eigentlich ständig bei mir gewesen. Man kannte uns nur zusammen. Menschen, die mit mir befreundet waren, waren auch mit ihm befreundet – und seine Hundekumpels waren auch mir ans Herz gewachsen. Ich redete und redete, während er mich nur anschaute und tiefer verstand, als ich das alles auszudrücken in der Lage war. Ich fragte ihn nach seinem Ankommen bei mir, nach der Schafkacke, nach seinem Frisbee, nach dem grünen Sessel, dem Bio-Mülleimer, nach unseren gemeinsamen Meditationen und unseren Stunden im Park, die wir lesend, schnuppernd, achtsam verbracht hatten. Irgendwann fiel mir nichts mehr ein, und ich wickelte ihn in seine Decke und trug ihn vorsichtig ins Auto, um zur Tierarztpraxis zu fahren. Er lag ganz still, atmete langsam und schien zu wissen oder zu ahnen, dass seine Zeit gekommen war.

In der Praxis waren sie wohl Leute mit verquollenen Gesichtern und Deckenbündeln in ihren Armen gewohnt. Trotz aller Routine gingen sie aber sehr achtsam und einfühlsam mit uns um. Der Arzt untersuchte Bobba noch einmal eingehend und bestätigte dann seine bereits am Telefon geäußerte Meinung: Es war an der Zeit, sich zu verabschieden. Doch wie sich von jemandem verabschieden, der gefühlt schon immer da gewesen war? Ich konnte mir einfach nicht vorstellen, dass in ein paar Minuten alles vorbei und er nicht mehr hier sein sollte.

Dann lief alles wie von selbst, ich war nur als Zeuge dabei, kniete auf der Erde neben meinem Hund und wohl auch neben mir, meine Hand auf seinem Kopf und seinem Rücken, sah zu, wie man ihm einen kleinen Teil seines Vorderbeins rasierte, um besser an die Vene zu kommen,

sah die Beruhigungsspritze, das Flattern seiner Augenlider, das Absenken des Kopfes, hörte das immer leiser werdende Atmen.
Ich sagte irgendetwas von einer guten Reise und dass ich ihn nie vergessen würde – dann kam die zweite Spritze, und das Atmen wurde noch leiser. Die Tür fiel hinter uns ins Schloss, und wir waren allein. Mir liefen lautlos die Tränen über die Wangen und der Rotz übers Kinn. Dann berührte irgendwann der Arzt meine Schulter und sagte: »Er ist schon weg.«
Und das stimmte. Vor mir lag nur noch eine leere Hülle aus Fell, Muskeln, arthritischen Gelenken und Knochen, Tumoren und Metastasen, denen nun ohne ihren Wirt ebenfalls das Stündlein geschlagen hatte. Bobba selbst war schon weit weg, hatte diese Welt und alles darin, mich eingeschlossen, so leicht losgelassen, wie nur ein reisender Meister es kann. Mir kam ein Gedicht von Ryokan in den Sinn – wie ein tröstender Hauch von irgendwo:

> Wenn jemand
> Nach meinem Wohnsitz fragt,
> Antworte ich:
> »Am östlichen Rand
> Der Milchstraße.«
> Gleich einer ziehenden Wolke,
> Durch nichts gebunden;
> Ich lasse einfach los,
> Gebe mich
> In die Launen des Windes.[45]

Die letzte Lektion: Abschiednehmen für Anfänger

Ich wickelte Bobba wieder in seine Decke, nahm den leblosen Körper auf den Arm und trug ihn zurück zum Auto. Ihn in der Praxis zu lassen und der Tierverwertungsanstalt zu überlassen wäre nicht infrage gekommen. Ein Freund von mir hatte ein riesiges Grundstück weit draußen vor der Stadt, wo ich Bobba begraben konnte. Ein weiterer Freund begleitete mich und half mir, dort ein großes Loch auszuheben. Ich glaube, er war fertiger als ich. Ich war einfach nur stumm, konnte auch nicht mehr heulen, sondern schaufelte schlicht vor mich hin. Es war gut, das zu tun – es selbst zu tun. Ein letzter Freundschaftsdienst.

Wir legten ihn mit seiner Decke und seinem Frisbee in sein Grab. Ich wollte etwas sagen, aber mir fiel einfach nichts ein. Mein Freund hatte einen kleinen Brief geschrieben und legte ihn, verpackt in eine gelbe Überraschungsei-Hülse, mit zu Bobba. Er sagte etwas über den Tag, als wir zu dritt eine lange Wanderung gemacht hatten und Bobba an einem Brunnen aus seinen Händen getrunken hatte. Ich hatte auch sofort ein klares Bild vor Augen und musste lächeln, weil ich mich daran erinnerte, wie bewegt mein Freund damals gewesen war und wie oft er davon auch später noch gesprochen hatte. Für ihn war es das Bild schlechthin von Vertrauen und Zuneigung – und ich glaube, das ist es für ihn bis heute!

Wir schaufelten das Grab zu, legten die zuvor gelösten Grassoden obenauf und traten ein paar Schritte zurück. Fast sah es so aus, als wäre hier nie irgendetwas geschehen. Bobba war aus vielen einzelnen Fäden der Welt entstanden, die sich zu einem außergewöhnlichen Hund verwoben hatten, hatte selbstlos und selbstvergessen gelebt, gespielt, geliebt, seine Zuneigung großzügig verschenkt und war zu etwas anderem geworden, ohne eine sichtbare Spur in dieser Welt zu hinterlassen. Sicher gab es ein paar Pfotenabdrücke in meinem Inneren, irgendwo auf dem »Walk of Fame« in meinem Herzen, wo nicht viele hingelangten – aber in der sichtbaren Welt hinterließ er nichts.

Wie die sprichwörtlichen Wolken, die im Zen immer gern bemüht werden, war er über den Himmel gezogen, ohne Ziel, ohne Plan, und hatte sich dann einfach aufgelöst.

Vor mir lag ein Stück Land, Büsche, Bäume und ein paar Steine, Meisen flitzten herum, eine Goldammer landete auf einem Ast. Neben mir stand ein Freund, der einen Hund vermisste, ein wenig abseits wartete der Wagen, dessen Polster noch nach jemandem rochen, der nicht mehr da war. Die Sonne schien, ohne sich daran zu stören, dass diese Welt einen Zen-Meister weniger hatte. Der Wind strich durchs Gras, das ganz einfach weiterwuchs.

Bassui Tokusha, der von 1327 bis 1387 lebte und die Erleuchtung durch die Geräusche eines fließenden Baches erlangt hatte, rezitierte unmittelbar vor seinem Tod folgendes Gedicht:

> Schau direkt vor dich. Was ist da?
> Wenn du es siehst, wie es ist,
> Wirst du nie fehlgehen.[46]

Bobba hätte das anders ausgedrückt. Vielleicht hätte er mir seinen Ball in mein Morgenmüsli geworfen oder einfach mit mir auf einem Hügel gesessen und die braunen Schlappohren zufrieden im Wind flattern lassen. Aber Bassui war auch nicht schlecht – ich will da mal nicht

Die letzte Lektion: Abschiednehmen für Anfänger

meckern. Viel besser kann man es als Mensch wohl nicht zusammenfassen, einzig die Blumenpredigt* des Buddha selbst wäre da noch eine Steigerung.

Ich schaute mich um in dieser Welt der immer wieder neu entstehenden Wunder und wusste, dass ich den besten Lehrer gehabt hatte, den man sich nur wünschen kann.

---

* Die Blumenpredigt des Buddha ist eine Begebenheit, auf die sich viele Zen-Lehrer berufen. Bei diesem öffentlichen Vortrag sagte der Buddha kein Wort, sondern hielt nur eine Blume in die Höhe. Niemand wusste so recht, was das sollte, aber der Mönch Mahakasyapa verstand und lächelte. Die Lehre wurde wortlos vom Lehrer an den Schüler weitergegeben.

Zum Schluss

Ich frage mich, ob es wohl ein chinesisches Sprichwort
über den folgenden Sachverhalt gibt: Der Hund und
der Weise sind ununterscheidbar.

RAYMOND SMULLYAN

MIT EINEM HUND zusammenzuleben bedeutet, uns selbst in Hinblick auf sein Wesen der Großzügigkeit, Freundlichkeit und Offenheit genauer zu betrachten. Mit ihm zu spielen bedeutet, aufzugehen im Ballwerfen, im Miteinander-über-den Rasen-Kugeln. Es bedeutet, uns selbst zu verlieren und der Augenblick, das fliegende Frisbee, das Gras und die Sonne zu sein. Ich gehe jede Wette ein, dass Zen-Meister Dogen (1200–1253), der Begründer der Soto-Zen-Linie, gerade zusammen mit seinem Akita Inu erschöpft und glücklich aus dem Park zurückkam, als er seine berühmten Zeilen schrieb:

Zum Schluss

> Buddhismus studieren bedeutet
> Dich selbst studieren –
> Dich selbst studieren bedeutet
> Dich selbst vergessen –
> Dich selbst vergessen bedeutet
> Von allen Dingen erweckt werden.[47]

Zumindest für mich wurde der buddhistische Weg durch einen Hund lebendig, der mich dahin gehend vorbereitete, mich von allen Dingen erwecken zu lassen. Im Laufe der Jahre, in denen ich das Glück hatte, mich als seinen besten Freund bezeichnen zu dürfen, lebte er mir vor, wie es ist, sich selbst zu vergessen, dann auch den Weg zu vergessen und nur noch zu sein. Ich habe viel mit ihm gelacht, viel über ihn gestaunt – und das hat die Mauer, hinter der mein Herz verborgen war, Stein für Stein abgetragen, sodass ich irgendwann die Welt tatsächlich fühlen konnte, anstatt nur über sie zu lesen oder über sie nachzudenken. Man kann den Buddhismus auch auf ganz andere Weise studieren, als Meister Dogen vorschlägt. Man kann die fünf Silas auswendig lernen, die vier edlen Wahrheiten, den achtfachen Pfad, die sieben Faktoren des Erwachens, die zwölf Glieder des Entstehens in wechselseitiger Bedingtheit und Abhängigkeit, die sechs Vollkommenheiten, die drei Juwelen, die drei Körper des Buddha, die drei Dharma-Siegel, die sieben Punkte des Geistestrainings von Atisha, die fünf Arten tiefen Gewahrseins, die 37 Praktiken eines Bodhisattva und vieles mehr, was einem letztlich den Eindruck vermitteln kann, man befände sich im Mathe-Unterricht seiner alten Schule oder in einem Seminar für spirituelle Buchhalter. Man kann all dies lernen und darüber Wissen anhäufen, doch es wird nicht viel bewirken, wenn man nicht einen Schritt beiseitetritt, das Ganze auf seine Essenz reduziert und diese dann tatsächlich lebt.

Verstehen Sie mich nicht falsch: Ich finde es gut, wenn man sich auch auf einer theoretischen Ebene mit seiner spirituellen Richtung auseinandersetzt und die entsprechenden Texte gründlich studiert. Ich bin der Erste, der bei so einem Angebot laut »Hier!« schreit und anfängt, sich alles Mögliche in den Kopf zu schrauben. Immer noch, obwohl ich es mittlerweile besser wissen sollte … Das ist einfach ebenfalls Teil meiner Natur, in der das Tao wohl seinen Nickelbrillen-Nerd-Aspekt zum Ausdruck bringt.

Doch mein Meister war nun einmal an keinerlei Texten interessiert, hatte nichts für Konzepte übrig und vermutete hinter dem Wort »Tradition« eher eine Teigspeise mit Hackfleischfüllung. Seine wunderbare Einfachheit rüttelte mich wach und ließ mich bis heute staunend zurück.

Ich arbeite immer noch daran, auf so einfache Weise wie der beste Hund der Welt zu meditieren … Manchmal gelingt es mir. Dann spüre ich, dass von dem, was allgemein unter Zen verstanden wird, in mir nicht viel geblieben ist. Es ist bloß ein Sitzen auf der Veranda, ein Schauen in eine weite Landschaft, eine Stille, die so lebendig ist, dass sie mir eine Pfote auf die Schulter legt und mich fragt: »Na, erinnerst du dich an den perfekten Quietschballwurf?«

Ich lächle mir selbst zu, während die Sonne langsam untergeht und Ryokan das letzte Mal zum Tuschepinsel greift und alles auf den Punkt bringt:

Zum Schluss

Der Wind hat sich gelegt,
Die Blüten sind herabgefallen;
Vögel singen,
Die Berge dunkeln –
Dies
Ist die wundersame Kraft des Buddhismus.[48]

Dank

—

ZUALLERERST DANKE ICH Andrea Löhndorf, Roland Rottenfußer und Ulrich Ehrlenspiel vom Kailash Verlag, die den Bericht über Zen-Meister Bobba direkt ins Herz schlossen und mir bei meinem Schreiben voll und ganz vertrauten. Ebenso danke ich Ralf Lay für sein kenntnisreiches Lektorat, seine Hinweise auf gewisse Ungereimtheiten und seine zweifellos überlegene Kommasetzung, die so manchen Satz gerettet hat.

Der Illustrator Frank Schulz hat dieses Buch mit seiner großartigen Arbeit bereichert und Momente festgehalten, die für mich immer mit einer heruntergeklappten Kinnlade verbunden sein werden. Seine Bilder in meinem Buch zu sehen ist eine große Freude für mich!

Ein großer Dank geht ebenfalls an alle Freunde und Wegbegleiter, die mich in Gesprächen immer wieder inspiriert haben (und dies weiterhin tun), allen voran Arno Gerkowski, Beate Rösler, Maren Brand, Christian Köhler, Maren Schneider, Susanne Hiebsch, Daniel Austmeyer, Philip Carr-Gomm, Wolf-Dieter Storl und Seán ÓLaoire. Weitaus weniger Gespräche, aber mindestens ebenso viel Inspiration schenkten mir die vierbeinigen Freunde, mit denen ich in den letzten Jahren meine Zeit verbringen durfte: Bobba, Jino, Pepper, Willi, Baldur und Lilly – sie alle waren und sind einzigartige Charaktere, die mich immer wieder in Staunen versetzten und versetzen.

Eine große Begabung, mich auf das Wesentliche und Wichtige im Leben hinzuweisen, haben auch meine Töchter Caja und Lale, die ich jeden Tag als wahres Wunder erlebe. Ich bin glücklich und dankbar, sie auf ihrem Weg ein Stück weit begleiten zu dürfen.

Jennie Appel ist die Frau an meiner Seite. Ihr möchte ich hier für ihre unerschütterliche Liebe danken, für ihre Unterstützung und ihre Bereitschaft, es (meistens) klaglos zu erdulden, dass ich oftmals mehr Worte am Tag schreibe als spreche.

Zu guter Letzt ein besonderer Dank an Marco Gnas, der Bobba ebenso als Freund betrachtet hat, wie ich es tat, und der mir bei der traurigen Aufgabe half, diesen besten Hund der Welt zu begraben.

Anhang

Anhang

Meditationsanleitung

Vielleicht hat dieses Buch Sie dazu inspiriert, selbst einmal die Meditation auszuprobieren, da man ja auch immer wieder hört, dass ein Gramm Praxis mehr wert ist als ein paar Tonnen Bücherwissen. Möglicherweise beobachten Sie auch schon länger Ihren Hund, wenn er völlig in sich ruhend im Schatten einer Parkbank liegt, und denken sich: »Hey, das kann ich auch! Oder nicht?«

Nun, für alle, die ihre ersten Erfahrungen mit dem Meditieren machen möchten, habe ich hier ein paar Vorschläge zusammengetragen, die hoffentlich hilfreich sind und vielleicht auch denjenigen noch Impulse zu geben vermögen, die schon seit Jahren meditieren, aber bereit sind, immer wieder neu anzufangen. Für mich ist dieser »Anfänger-Geist«, den Shunryu Suzuki in seinem gleichnamigen Buch so preist, der Inbegriff der Meditation: die Bereitschaft, jeden Augenblick als neuen Augenblick zu erleben; das zu sehen, was JETZT ist, und unsere übliche Routine und eingefahrenen Gedankenstrukturen hinter uns zu lassen. Auch wenn sich unsere Atemzüge in der Meditation gleichen mögen, sind sie doch alle unterschiedlich, weil sie uns in unterschiedlichen Momenten erfüllen, wir sie anders in unserem Körper spüren und wir ihnen mit einem manchmal aufgewühlten und ein anderes Mal mit einem ruhigen Geist begegnen.

Während wir atmen, ist weiterhin nur eines beständig: der Wandel. Wir selbst und auch die Welt um uns herum verändern uns in jedem Augenblick. So ist jeder Moment neu, ebenso wie jeder einzelne Atemzug. Und da der Atem immer bei uns ist (wenn er das nicht mehr ist, müssen Sie sich um Meditation keinerlei Gedanken mehr machen!), ist er die ideale Meditationshilfe, auf die wir uns unser ganzes Leben lang stützen können.

Im klassischen Zen wird unglaublich viel Wert auf die Haltung gelegt. Es gibt genaue Anweisungen, was die Stellung der Beine, die Haltung der Hände, das Neigen des Kopfes, das Schließen oder Öffnen der Augen und auch die Position der Zunge am Gaumen angeht. (Gerade mit Letzterem hatte Bobba so seine Probleme!) Ich selbst halte es lieber einfach und rate Ihnen daher, eine Sitzhaltung zu finden, die bequem ist und die es Ihnen ermöglicht, etwa zwanzig bis dreißig Minuten aufrecht zu sitzen. Sie können dazu natürlich gern im Lotossitz verharren, wenn Ihnen das leichtfällt. Falls es allerdings eine körperliche Qual ist und Sie somit vom Meditieren abhält, vergessen Sie solche Verrenkungen einfach, und setzen Sie sich so hin, wie es für Sie machbar ist. Zwischen einem Meditationskissen, einem Meditationsbänkchen und einem ganz normalen Küchenstuhl besteht erst einmal überhaupt kein Unterschied. Der Buddha selbst meditierte auf einem Kissen aus Gras, als er erwachte, und ich bin mir sicher, dass er das nicht für viel Geld bei einem professionellen Meditationsausstatter bekommen hatte.

Wichtig ist, dass Sie möglichst aufrecht sitzen, damit die inneren Organe nicht gequetscht werden und Sie frei atmen können. Hilfreich ist es, wenn die Knie sich in einer Höhe unterhalb der Hüfte befinden. Dadurch kippt das Becken leicht nach vorn, und es wird Ihnen leichter fallen, aufrecht zu sitzen. Für mich geht das am einfachsten, wenn ich ein Meditationsbänkchen benutze, es geht aber auch auf einem Stuhl, wenn die Sitzfläche entsprechend hoch ist oder Sie sie mit einer zusammengelegten Decke oder etwas Ähnlichem erhöhen.

Sitzen Sie am besten, ohne sich irgendwo anzulehnen, denn das Anlehnen führt eher zu einer Form von Entspannung, die wir als »Nickerchen« und nicht als »Meditation« bezeichnen müssten. Halten Sie den Rücken möglichst gerade, aber lassen Sie die Wirbelsäule ihrer natürlichen Krümmung folgen. Nicht vergessen: Sie sind kein Zinnsoldat, sondern ein Mensch!

Die Hände können Sie in den Schoß legen oder die Handflächen auf Ihren Oberschenkeln beziehungsweise Ihren Knien ablegen. Entspannen Sie Ihre Schultern und Ihren Nacken. Ihre Augen können Sie entweder schließen oder – wenn Sie dazu neigen, sofort einzuschlummern, sobald Sie die Augenlider senken – sie offen halten und Ihren Blick auf einen Punkt etwa einen oder zwei Meter vor sich auf den Boden richten.

Atmen Sie zu Beginn Ihrer Meditation ein paarmal tief durch, ganz langsam und bewusst. Genießen Sie Ihren Atem, genießen Sie die Zeit, die Sie dafür haben.

Vielleicht finden Sie es hilfreich, Ihre Aufmerksamkeit kurz auf Ihren Körper zu lenken. Das Heben und Senken der Bauchdecke zu spüren. Den Druck der Erde oder des Kissens, auf dem Sie sitzen. Die Kleidung auf Ihrem Körper. Ihre Hände, Ihre Füße. Ein Hineinspüren in Ihren Körper kann Ihnen helfen, sich zu vergewissern, dass Sie genau JETZT und genau HIER sind.

Lassen Sie dann den Atem einfach kommen und gehen, wie er in diesem Moment erscheint. Folgen Sie Ihrem Atem, ohne ihn verändern zu wollen. Ob der Atem in diesem Augenblick tief ist oder flach, ruhig oder schnell – das alles spielt absolut keine Rolle. Worum es geht, ist, ihn einfach wahrzunehmen. Nicht mehr und nicht weniger. Beobachten Sie das Gefühl, das in Ihnen entsteht, wenn der Atem durch die Nase, durch den Hals, in die Brust und in den Bauch fließt.

Spüren Sie, wie der Atem wieder aus Ihrem Körper weicht. Nehmen Sie die kleine Pause zwischen den Atemzügen wahr.

Lassen Sie Ihren Geist einfach auf dem Atem ruhen. Ganz leicht liegt Ihre Achtsamkeit auf dem natürlichen Kommen und Gehen Ihres Atems. Das Atmen bedarf Ihrerseits keiner Anstrengung, denn alles geschieht ganz von allein.

Irgendwann werden sicherlich Ablenkungen auftauchen, irgendetwas, was Ihre Aufmerksamkeit auf sich zieht und Sie Ihren Atem vergessen lässt.

Vielleicht hören Sie einen Vogel, der draußen vor dem Fenster singt. Vielleicht macht Ihre Heizung seltsame Geräusche, oder Ihr Nachbar entdeckt seine Liebe zu AC/DC. Das alles sind nur Geräusche. Nichts als Töne. Sie erklingen und verschwinden wieder. Wie Wolken an einem sonst blauen Himmel erscheinen sie und lösen sich wieder auf.

Manchmal tauchen auch Gedanken auf. Irgendetwas Abstruses oder Banales, vielleicht auch etwas zu Erledigendes oder etwas, was Sie schon den ganzen Tag beschäftigt hat. Verstehen Sie auch diese Gedanken als bloße Formen, die Ihr Geist in diesem Moment produziert und die sich kaum von den Außengeräuschen unterscheiden. Auch sie kommen und gehen wieder von allein. Sie müssen sich nicht mit diesen Gedanken identifizieren. Sie ziehen vorbei. Beobachten Sie sie, und lassen Sie sie los.

Auch Gefühle wie ein Kitzeln am linken Ohr oder ein Jucken an der Nase verschwinden von allein.

Immer wenn ein Geräusch, ein Gedanke oder ein Gefühl Sie ablenkt und Ihre Aufmerksamkeit zu fordern scheint, bringen Sie Ihren Geist wieder ganz sanft zu Ihrem Atem zurück. Sie müssen sich nicht über Ihren abgelenkten Geist ärgern oder sich selbst gut zureden, dass Sie sich in Zukunft besser konzentrieren werden. Das alles sind nur weitere Gedanken, weitere Ablenkungen. Lächeln Sie Ihrem Geist zu wie einem Hundewelpen, der gerade Ihre kostbare Ming-Vase zerdeppert hat, die Sie aber sowieso schon immer potthässlich fanden, und kommen Sie zurück zu Ihrem Atem.

Kommen Sie *immer wieder*, *Augenblick für Augenblick*, ganz sanft zu Ihrem Atem zurück.

Nichts stört – alles ist einfach nur da. Dieser Moment ist genau so, wie er ist.

Vergessen Sie alle Erwartungen an diesen Moment, auch die Erwartungen an die Meditation. Beharren Sie nicht innerlich auf einem vermeintlichen »Nutzen«, den die Meditation bringen soll. Wenn Sie ruhiger werden, Ihr Blutdruck sich senkt, Sie lernen, mit Stress besser umzugehen, dann sind das Nebeneffekte der Meditation, aber nicht ihr Sinn und Zweck.

Erwarten Sie auch keine mystischen Einsichten oder ein Feuerwerk der guten Laune. Lassen Sie einfach alles so sein, wie es ist – und fangen Sie mit jedem Atemzug neu an, den gegenwärtigen Moment zu entdecken, wie er sich in unvergleichlicher Weise offenbart. Es gibt nichts anderes zu tun, als genau JETZT HIER zu sein.

Der Geist ruht im Augenblick – und dieser Augenblick, diese Entfaltung von allem, was Sie JETZT wahrnehmen können, ist Ihnen so bewusst, dass Sie als Wahrnehmender *(als Ich, das wahrnimmt)* verschwinden wie ein Gedanke, wie eine Wolke, die vorüberzieht.

Es bleiben Stille, Einfachheit, Sein, *mushotoku*.

Ruhen Sie in dieser Stille, in diesem NICHTSTUN, in dieser Präsenz des Augenblicks.

Machen Sie sich keine Sorgen, wenn der beschriebene Zustand der Ruhe sich nicht in jeder Meditationssitzung einstellt. Meditation ist keine Instant-Wohlfühl-Oase, sondern ein lebenslanger (Übungs)weg, der genauso Phasen der Langeweile oder des scheinbar unaufhörlichen Abgelenktseins enthält wie das absichtslose, ruhige Fließen mit dem Tao. Wenn Ihr Geist abgelenkt ist, dann offenbart sich der jetzige Augenblick einfach als Abgelenktsein. Sobald Sie dies wahrnehmen können und sanft zu Ihrem Atem zurückkehren, sich also nicht gänzlich in der Ablenkung verlieren oder sich mental in etwas hineinsteigern, wird diese Ablenkung zu einem Teil Ihrer spirituellen Praxis. Und wenn Sie zweihundertdreiundfünfzigmal in einer Meditationssitzung bewusst zu Ihrem Atem zurückkehren, weil Ihnen die Ablenkung aufgefallen ist, dann praktizieren Sie zweihundertdreiundfünfzigmal echte Achtsamkeit.

Probieren Sie, sich regelmäßig für Ihre Meditationsübung Zeit zu nehmen. Es ist besser, Sie meditieren jeden Tag zehn Minuten als einmal im Monat eine Stunde. Ob Sie morgens oder abends meditieren oder Ihrem Tag mit zwei Meditationsperioden einen Rahmen geben, bleibt einzig und allein Ihren Vorlieben überlassen. Schauen Sie, wie Sie die Meditation in Ihren Tagesablauf einbauen können und was Ihnen guttut. Bleiben Sie einfach am Ball, und meditieren Sie wie gesagt nicht, um irgendetwas zu erreichen, um ein besserer Mensch zu werden oder eine erleuchtete Superversion Ihrer selbst. Meditieren Sie, weil Ihnen die Wahrnehmung des Augenblicks und Ihres eigenen Geistes Freude bereitet. Lächeln Sie sich selbst zu. Das genügt vollauf.

Und wenn Sie dann irgendwann mit Ihrem vierbeinigen Freund im Park sitzen, das wachsende Gras durch halbgeschlossene Augen betrachten, der Wind Ihnen beiden um die Nasen weht, während Insekten brummend durch die nachmittäglichen Sonnenstrahlen taumeln, werden Sie merken, dass die Zeit auf dem Meditationskissen Sie genau auf DAS HIER vorbereitet hat.

Glossar

Achtfacher Pfad – laut den buddhistischen Lehren der Weg, der aus dem Leiden herausführt. Er enthält rechte Anschauung, rechtes Denken, rechte Achtsamkeit, rechte Rede, rechtes Handeln, rechte Anstrengung, rechte Sammlung und rechten Lebenserwerb, wobei unter »recht« jeweils »angemessen« beziehungsweise »heilsam« verstanden werden kann.

Anatta – das Nichtvorhandensein eines festen Wesenskerns, der aus sich selbst heraus besteht. Der Buddhismus geht davon aus, dass alles bedingt entsteht, eine Folge von miteinander verschachtelten Ursachen ist und dass alles irgendwann wieder vergeht, sich in seine Bestandteile auflöst und dann neu geordnet beziehungsweise selbst zu einer Ursache für etwas anderes wird.

Bhikkhu – Bezeichnung für einen buddhistischen Mönch, vor allem in der Theravada- respektive Hinayana-Tradition. Wörtlich bedeutet *bhikkhu* »jemand, der um Almosen bettelt«.

Bodhisattva – ein Schüler des Dharma, der die Erleuchtung erlangt hat, aber darauf verzichtet, ins Nirvana einzugehen, und stattdessen gelobt, zuvor alle anderen Wesen bei ihrer Befreiung zu unterstützen. Ein Bodhisattva zeichnet sich durch große Weisheit und tiefes Mitgefühl aus, meist auch durch eine Vorliebe für Kauknochen und Frisbees.

Buddha – wörtlich »der Erwachte«, derjenige, der die Natur seines eigenen Geistes erkannt hat. Ehrenbezeichnung für die historische Figur des Siddhartha Gautama (siehe dort), den Begründer des Buddhismus.

Buddhanatur – die allen Wesen innewohnende Klarheit des Geistes.

Chan – siehe Zen.

Dhammapada – eine Sammlung von Aussprüchen des Buddha, die vor allem in den südostasiatischen Traditionen Verwendung findet, aber auch von Zen-Lehrern wertgeschätzt wird.

Dharma – bezeichnet die Wahrheit, das Wesen der Dinge, aber auch Richtlinien und ethische oder religiöse Gebote. Im Buddhismus steht der Begriff »Dharma« für die Lehre Buddhas.

Hinayana, Mahayana und Vajrayana – die drei »Fahrzeuge« beziehungsweise Hauptrichtungen des Buddhismus. Hinayana ist das kleine (oder auch ältere) Fahrzeug, das sich auf die Pali-Schriften bezieht und vor allem in Südostasien beheimatet ist. Mahayana ist das große Fahrzeug, das auch die Sanskritschriften in das Studium mit einbezieht. Hierzu zählen die sogenannten nördlichen Traditionen wie Chan und Zen. Das Vajrayana ist das Diamantfahrzeug und Teil des Mahayana. Diese Bezeichnung betrifft den tibetischen Buddhismus, der im Lamaismus Elemente des Tantra praktiziert. Im Grunde würde eine Einteilung in Hinayana und Mahayana völlig ausreichen, aber »Diamant« klingt natürlich noch besser als nur »groß«. Der Hauptunterschied besteht darin, dass das Hinayana sich um die Befreiung des Einzelnen dreht, während das Mahayana darum bemüht ist, alle Wesen zu befreien. Im Mahayana ist deshalb auch das Bodhisattva-Ideal angesiedelt.

Hokkai-join – traditionelle Handhaltung beim Zazen, auch »Siegel des Zen« oder »kosmisches Mudra« genannt. Die Hände liegen dabei im Schoß übereinander, eine Hand in der anderen, Handflächen nach oben, die Daumen berühren sich leicht an den Spitzen.

Hunde – vollständig erleuchtete Gattung der Caniden, die es sich zur Aufgabe gemacht hat, die Menschheit zum Verständnis des Dharma zu führen. Hunde kommen in vielerlei Spielarten, Farben und Formen vor, manche groß wie ein Pony, andere kaum von einem Meerschweinchen zu unterscheiden. Allen gemeinsam ist ein sehr freudvoll verstandenes Bodhisattva-Gelübde.

Kensho – Erfahrung des Erwachens zur eigenen Buddhanatur, eintauchen in das Wesen der Welt, siehe auch Satori.

Koan – eine meist unverständliche Anekdote oder Frage, die im Zen der Rinzai-Tradition dem Schüler als eine Art Rätsel dient, die seine gewohnten Denkstrukturen unterwandert oder zerbricht, um in Kontakt mit der reinen Klarheit des Geistes zu kommen. Berühmte Koans sind zum Beispiel: »Welches Geräusch macht eine einzelne klatschende Hand?« oder »Hat der Hund Buddhanatur?«, wobei letztere Frage natürlich eine Unverschämtheit ist.

Lama – tibetischer Begriff für einen buddhistischen Lehrer.

Mahayana – siehe *Hinayana, Mahayana und Vajrayana*.

Mala – eine hauptsächlich im Buddhismus und Hinduismus verwendete Gebetskette aus 108 Perlen, die man durch die Finger gleiten lässt, wobei man für jede Perle ein Mantra spricht.

Meditation – rumsitzen und nichts tun. Schwerer, als man denkt. Eine weitere Form ist die Gehmeditation, analog also: gehen und nichts tun. Vollständiges Eintauchen in den gegenwärtigen Moment ohne Reflexion des Verstandes.

Mushotoku – japanischer Begriff für »Absichtslosigkeit«. Weist darauf hin, dass es im Zen nichts zu erreichen gibt, dass es kein Ziel gibt. Wir sitzen in Stille und streben nicht nach Erleuchtung oder ähnlichen Vorstellungen unseres Geistes. Wir verweilen im Augenblick, in dem alles vollkommen ist und nichts anders sein muss.

Retreat – gebräuchlicher Begriff für eine Periode intensiven Meditierens und Lernens, für die man sich zurückzieht. Retreats gibt es in unterschiedlicher Länge, vom Wochenend-Retreat über mehrere Wochen dauernde Einkehrzeiten bis hin zu extremeren Formen im tibetischen Buddhismus, die drei Jahre, drei Monate und drei Tage dauern.

Rinpoche – Ehrentitel für einen tibetischen Lama.

Rinzai-Zen-Linie – siehe *Zen*.

Roshi – eine respektvolle Anrede für einen erfahrenen Lehrer im Bereich des Zen. Die meisten Roshis besitzen vier Beine, sind recht haarig und verfügen über einen gesunden Appetit.

Sadhu – ein sogenannter »heiliger Mann« im Hinduismus, der sich von der weltlichen Gesellschaft abgewandt hat und zumeist asketisch lebt. Diese Askese kann extreme Formen annehmen, zum Beispiel sieben Jahre auf einem Bein stehen oder zwanzig Jahre im Lotossitz verbringen, wovon sich mystische Einsichten und die Überwindung des Kreislaufs der Wiedergeburten erhofft werden. Nicht wenige Sadhus sehen den unmäßigen Konsum von Haschisch als »religiöse Notwendigkeit« an.

Samadhi – Zustand der Absichtslosigkeit und der Überwindung der dualistischen Weltsicht. Der Meditierende wird eins mit dem Meditationsobjekt; das heißt, Beobachter und Beobachtetes verschmelzen in der geistesberuhigenden Haltung der Meditation. Gut zu beobachten, wenn man einem Hund ein Wiener Würstchen vor die Nase hält – in diesem Moment gibt es keine Trennung mehr zwischen dem Geist des Hundes und der Existenz des Würstchens, beide fallen in eins zusammen.

Satori – ähnlicher Begriff wie *Kensho* (siehe dort), Erwachen zur Wirklichkeit des jetzigen Augenblicks, vollkommenes Aufgehen des Individuums im großen Fluss des Seins.

Sesshin – sozusagen die Marathonstrecke beim *Zazen* (siehe dort). Ein Sesshin ist eine intensive Periode des Meditierens, bei der der Tagesablauf streng geregelt und auf das konzentrierte Zazen ausgerichtet ist. Sitzmeditation wechselt sich mit Gehmeditation ab, auch die täglichen Mahlzeiten werden in meditativer Geisteshaltung und Stille eingenommen.

Shika – der für die Betreuung der Gäste zuständige Mönch in einem Zen-Kloster.

Siddhartha Gautama – sozusagen der bürgerliche Name des historischen Buddha (siehe dort), der von circa 560 bis 480 v.Chr. lebte. In reichen und behüteten Verhältnissen aufgewachsen, verließ er irgendwann seine Heimat, um das Leid, das er überall entdeckt hatte, zu überwinden. Er schloss sich asketischen Sadhus an, hungerte sich fast zu Tode, beschritt dann aber einen ausgeglicheneren Weg und erwachte schließlich in das Erkennen der Dinge, wie sie sind. Danach zog er über vierzig Jahre lang durchs Land und lehrte den Dharma.

Soto-Zen-Linie – siehe *Zen*.

Sutra – die wichtigsten Texte des Buddhismus. Die meisten Sutras sind Lehrreden des historischen Buddha, es gibt jedoch auch andere.

Swami – Ehrentitel für einen hinduistischen Lehrer, wird aber manchmal auch für andere vermeintlich höhergestellte Personen verwendet (zum Beispiel auch für solche, die aus dem bloßen Vorhandensein eines langen weißen Bartes und der Vorliebe für skurrile Gewandungen Kapital schlagen).

Taoismus – eine im China des 4. Jahrhunderts v.Chr. entstandene Philosophie, die darauf abzielt, den Menschen im Tao ruhen zu lassen, ihn ganz zu sich und seiner Mitte zu führen. Das Tao ist ein kaum zu übersetzender Begriff, den man in etwa als »Sinn« oder auch als »Weg« verstehen kann. Der Weg, der hier gemeint ist, ist das Annehmen des Moments, das Akzeptieren der Wandlung und die eigene naturgemäße Entfaltung.

Tulku – ein tibetischer Lehrer, der bewusst wiedergeboren und als Reinkarnation anerkannt wurde.

Vajrayana – siehe *Hinayana, Mahayana und Vajrayana*.

Vier edle Wahrheiten – buddhistische Grundlehren, die je nach Tradition unterschiedlich übersetzt werden. Oft werden sie so formuliert, dass sie eine eher negative Weltsicht zu vertreten scheinen, zum Beispiel so:

1. Das Leben ist Leiden.
2. Die Ursache des Leidens ist das Begehren.
3. Das Ende des Begehrens ist das Ende des Leids.
4. Der Weg zur Beendigung des Leidens ist der edle achtfache Pfad (siehe dort).

Meines Erachtens sollte man diese Lehren etwas umsichtiger formulieren und sie auch nicht als »edel« bezeichnen, was den Eindruck erwecken könnte, sie wären die letztgültige Wahrheit – etwas, was der Buddha wohl nie für sich in Anspruch genommen hätte:

1. Es gibt Momente im Leben, die uns leidvoll erscheinen.
2. Ursache des Empfindens von Leid ist unser verwirrter, ständig um sich selbst kreisender Geist.
3. Kommt der Geist zur Ruhe und endet die Verwirrung, schwindet auch das Leid.

4. Der Weg zum Ende der Verwirrung und des Leids ist ein ausgeglichenes Leben zwischen Aktion und Kontemplation, das sowohl das eigene wie das Wohl der anderen Wesen im Blick behält.

Stephen Batchelor spricht davon, dass der Buddha grundsätzlich nur eines lehrte, nämlich »die Angst und das Ende der Angst«[49]. Auch so kann man diese Grundlehren zusammenfassen.

Wu wei – chinesischer Begriff aus dem Taoismus für eine Haltung des Nichthandelns beziehungsweise einer Lebenshaltung, die sich nicht der natürlichen Entfaltung des Tao entgegenstellt. Das meint keinesfalls Untätigkeit, sondern eher das Sich-einlassen-Können auf den Fluss des Lebens. Wenn ein Hund einfach einschläft, weil er müde ist, oder herumrennt und bellt, weil er sich freut, praktiziert er *wu wei*. Er ist einfach ganz natürlich er selbst, ohne sich zu verbiegen und ohne ein außerhalb von ihm selbst liegendes Ziel anzustreben.

Zazen – bezeichnet die Sitzmeditation im Zen-Buddhismus.

Zen – im China des 5. Jahrhunderts n.Chr. entstandene Form des Mahayana-Buddhismus, die buddhistische mit taoistischen Ideen verband, ab dem 12. Jahrhundert nach Japan vordrang und dort ihren heute bekannten Namen »Zen« erhielt. Ursprung des Wortes ist das Sanskritwort *dhyana*, was so viel wie »Meditation« bedeutet. *Dhyana* wurde im Chinesischen zu *Chan* und dann im Japanischen zu *Zen*. Im japanischen Zen werden zwei Hauptrichtungen unterschieden: Soto und Rinzai. Die Unterschiede sind aus Sicht eines erleuchteten Vierbeiners marginal: Soto-Schüler meditieren mit dem Gesicht zur Mitte des Raumes, Rinzai-Leute starren an die Wand. Während die Soto-Linie auch als die »Nur-Sitzer« bezeichnet wird, hat die Rinzai-Tradition zusätzlich zur Sitz- und Gehmeditation noch die Beschäftigung mit einem Koan auf Lager.

Zendo – »Zen-Halle«, Halle oder Raum, in Klöstern besonderes Bauwerk, in dem *Zazen* (siehe dort) geübt wird. Wer auf Tradition Wert legt, findet hier einen Ort zum Meditieren. Für alle anderen reicht ein schattiges Plätzchen auf einer Parkbank (oder wahlweise auch darunter).

Literaturempfehlungen

Hunde
Rick Bass: *Colter. Der beste Hund, den ich je hatte.* Luchterhand Verlag, München 2001

Gerelchimeg Blackcrane: *Kelsang.* Verlagshaus Jacoby & Stuart, Berlin 2014

Günther Bloch/Elli H. Radinger: *Wölfisch für Hundehalter. Von Alpha, Dominanz und anderen populären Irrtümern.* Kosmos Verlag, Stuttgart 2010

John Bradshaw: *Hundeverstand.* Kynos Verlag, Nerdlen/Daun 2013

Anne Krüger: *Besser kommunizieren mit dem Hund. Die HarmoniLogie Methode der Schäferin aus Funk und Fernsehen.* Gräfe und Unzer Verlag, München 2008

Patricia B. McConnell: *Das andere Ende der Leine. Was unseren Umgang mit Hunden bestimmt.* Kynos Verlag, Nerdlen/Daun 2009

Buddhismus
Stephen Batchelor: *Buddhismus für Ungläubige.* Fischer Verlag, Frankfurt a.M. 1998

–, *Bekenntnisse eines ungläubigen Buddhisten. Eine spirituelle Suche.* Ludwig Verlag, München 2010

Chatral Rinpoche: *Compassionate Action.* Snow Lion Publications, Ithaca, NY, 2007

Mark Coleman: *Die Weisheit der Wildnis. Selbsterkenntnis durch Achtsamkeit in der Natur.* Arbor Verlag, Freiburg i.Br. 2013

Taisen **Deshimaru**: *Fragen an einen Zen-Meister.* Werner Kristkeitz Verlag, Heidelberg-Leimen 1987

Thich Nhat **Hanh**: *Das Herz von Buddhas Lehre. Leiden verwandeln – die Praxis des glücklichen Lebens.* Herder Verlag, Freiburg i.Br. 1999

–, *Die Sonne, mein Herz. Über die Verbundenheit allen Seins.* Theseus Verlag, Berlin 1989

–, *Der Buddha sagt. Seine wichtigsten Lehrreden.* Theseus Verlag, Berlin 2003

Hanshan: *Gedichte vom kalten Berg. Das Lob des Lebens im Geist des Zen.* Arbor Verlag, Freiburg i.Br. 2001

Yoel **Hoffmann**: *Die Kunst des letzten Augenblicks. Todesgedichte japanischer Zenmeister.* Herder Verlag, Freiburg i.Br. 2013

Yoel **Hoffmann** (Hrsg.)/Joshu **Jushin**: *Rein in Samsara. 333 Zen-Geschichten.* Angkor Verlag, Frankfurt a.M. 2002

Huang-po: *Der Geist des Zen. Die legendären Aussprüche und Ansprachen des Huang-po.* O.W. Barth Verlag, München 2011

Paul H. **Köppler**: *So spricht Buddha. Die schönsten und wichtigsten Lehrreden des Erwachten.* O.W. Barth Verlag, München 2010

Dzigar **Kongtrül**: *Licht bricht durch. Das Erwachen unserer natürlichen Intelligenz.* Arbor Verlag, Freiburg im Breisgau 2010

Dzigar **Kongtrül**: *Training in Tenderness. Buddhist Teachings on Tsewa, the radical openness of Heart that can change the World.* Shambhala Publications, Boulder 2018

Dietrich **Krusche** (Hrsg.): *Haiku. Japanische Gedichte.* Deutscher Taschenbuch Verlag, München 1994

Taizen **Maezumi**: *Das Herz des Zen.* Theseus Verlag, Berlin 2002

Gudo **Nishijima**: *Begegnung mit dem wahren Drachen. Leben und Zen.* Dona Verlag, Berlin 2008

Meister **Ryokan**: *Eine Schale, ein Gewand. Zen-Gedichte von Ryokan.* Werner Kristkeitz Verlag, Heidelberg-Leimen 1999

–, *Alle Dinge sind im Herzen. Poetische Zenweisheiten.* Herder Verlag, Freiburg i.Br. 2013

Jason **Siff**: *Meditation verlernen. Was tun, wenn Anleitungen im Weg sind.* Arbor Verlag, Freiburg im Breisgau 2015

Kodo **Sawaki**: *Zen ist die größte Lüge aller Zeiten.* Angkor Verlag, Frankfurt a.M. 2005

Helwig **Schmidt-Glintzer**: *Lektionen der Stille. Klassische Zen-Texte.* C.H. Beck/Deutscher Taschenbuch Verlag, München 2007

Ikkyu **Sojun**: *Zen-Gedichte von der verrückten Wolke.* Angkor Verlag, Frankfurt a.M. 2007

Shunryu **Suzuki**: *Zen-Geist, Anfänger-Geist. Unterweisungen in Zen-Meditation.* Theseus Verlag, Berlin 1975

–, *Seid wie reine Seide und scharfer Stahl. Das geistige Vermächtnis des großen Zen-Meisters.* Heyne Verlag, München 2003

Robert **Thurman**: *Grenzenlos leben. Sieben Elemente für ein erfülltes Dasein.* Theseus Verlag, Berlin 2005

Chögyam **Trungpa**: *Das Buch vom meditativen Leben.* Rowohlt Verlag, Reinbek bei Hamburg 1991

Brad **Warner**: *Hardcore Zen. Punk Rock, Monsterfilme & die Wahrheit über alles.* Aurum Verlag, Bielefeld 2010

Alan **Watts**: *Zen – Stille des Geistes.* Theseus Verlag, Berlin 2001

–, *Vom Geist des Zen.* Insel Verlag, Frankfurt a.M. 2008

Hsu **Yun**/Jy Din Shakya (Hrsg.): *Leere Wolke. Die Unterweisungen des Chan-Meisters Hsu Yun.* Mumon-Kai Verlag, Berlin 2013

Dogen **Zenji**: *Shobogenzo. Die Schatzkammer der Erkenntnis des wahren Dharma.* Theseus Verlag, Zürich 1977

Tokmé **Zongpo** / Ken **McLeod**: *Leiden verwandeln – Glück schenken. 37 Übungen für das Auf und Ab des Lebens.* Edition Steinrich, Berlin 2019

Taoismus

Walter **Braun**: *Auf der Suche nach dem perfekten Tag. Das Tao der Zufriedenheit.* Rowohlt Verlag, Reinbek bei Hamburg 2008

Thomas **Cleary** (Hrsg.): *Also sprach Laotse. Die Fortführung des Tao Te King.* O.W. Barth Verlag, München 1995

Dirk **Grosser**: *Das Tao des Drachen. Furchtlos unser wahres Selbst leben.* Schirner Verlag, Darmstadt 2014

Miriam **Henke**: *Laotse oder der Weg des Drachen.* Diaphanes Verlag, Zürich 2014

Benjamin **Hoff**: *Tao Te Puh. Das Buch vom Tao und von Puh dem Bären.* Synthesis Verlag, Essen 1984

Laotse: *Tao Te King. Eine zeitgemäße Version für westliche Leser* (übersetzt und kommentiert von Stephen Mitchell). Goldmann Verlag, München 2003

Thomas **Merton**: *Sinfonie für einen Seevogel. Weisheitstexte des Tschuang-tse.* Herder Verlag, Freiburg i.Br. 1996

Raymond **Smullyan**: *Das Tao ist Stille.* Fischer Verlag, Frankfurt a.M. 1994

Alan **Watts**: Weisheit des ungesicherten Lebens. Fischer Taschenbuch Verlag, Frankfurt a.M. 2009
–, *Der Lauf des Wassers. Eine Einführung in den Taoismus.* Knaur Verlag 2011

Spiritualität jenseits von Tradition

Peter **Fenner**: *Reines Gewahrsein. Radiant Mind – Ein praktischer Weg zum Erwachen.* Aurum Verlag, Bielefeld 2008

Dirk **Grosser**: *Selbst ein Anfang sein. Eine mystische Kosmologie der Möglichkeiten.* Arun Verlag, Uhlstädt-Kirchhasel 2011

Jiddu **Krishnamurti**: *Einbruch in die Freiheit.* Lotos Verlag, München 2004

–, *Das Licht in uns. Über wahre Meditation.* Edition Steinrich, Berlin 2015

Dan **Millman**: *Der Pfad des friedvollen Kriegers. Das Buch, das Leben verändert.* Ansata Verlag, München 2000

Toni **Packer**: *Mit ganz neuen Augen sehen.* Aurum Verlag, Braunschweig 1991

–, *Der Moment der Erfahrung ist unendlich. Meditation jenseits von Tradition und Methode.* Theseus Verlag, Berlin 1996

–, *Das Wunder des Jetzt. Die Kunst des meditativen Fragens.* Theseus Verlag, Berlin 2004

–, *Fragen in der Stille. Meditieren jenseits des Wissens.* Aurum Verlag, Bielefeld 2007

Clark **Strand**: *Einfach meditieren. Übungen für ein gelassenes Leben.* Fischer Taschenbuch Verlag, Frankfurt a.M. 2000

Anmerkungen

Die vollständigen bibliografischen Angaben zu den hier in Kurzform genannten Quellen finden Sie in den Literaturempfehlungen.

1 Das Interview, geführt von Wolfgang Block, ist in *Buddhismus heute* Nr. 7 (1991) zu finden. Im Internet unter www.buddhismus-heute.de/archive.issue__7.position__2.print__1.de.html.
2 Siehe Dhammapada, Vers 1.
3 Der Originaltext lautet: »Manopubbangama dhamma manosettha manomaya.« Der buddhistische Lehrer und Autor Bodhipaksa, der im *Tricycle*-Magazin eine fantastische Artikelserie namens »What The Buddha Never Said« veröffentlicht, übersetzt diese Zeilen wie folgt: »Mentale Zustände (dhamma) gehen aus unserem Geist hervor (manopubbangama), haben unseren Geist als ihren Meister (manosettha) und werden von unserem Geist kreiert (manomaya).«
4 Taisen Deshimaru: *Fragen an einen Zen-Meister*, S. 61.
5 Ebenda.
6 Alan Watts: *Vom Geist des Zen*, S. 57.
7 Hanshan: *Gedichte vom kalten Berg*, S. 162.
8 Taisen Deshimaru: *Fragen an einen Zen-Meister*, S. 86.
9 Yoel Hoffmann (Hrsg.)/Joshu Jushin: *Rein in Samsara*, S. 70.
10 Ebenda, S. 10.
11 Ebenda, S. 69.
12 Yoel Hoffmann (Hrsg.)/Joshu Jushin: *Rein in Samsara*, S. 5.
13 Thomas Merton: *Sinfonie für einen Seevogel*, S. 79.

14 Yoel Hoffmann (Hrsg.)/Joshu Jushin: *Rein in Samsara*, S. 68.
15 Aus: Ryokan: *Alle Dinge sind im Herzen*, S. 129.
16 Shunryu Suzuki: *Zen-Geist, Anfänger-Geist*, S. 31.
17 Alan Watts: *Zen – Stille des Geistes*, S. 92.
18 Meister Ryokan: *Eine Schale, ein Gewand*, S. 47.
19 Raymond Smullyan: *Das Tao ist Stille*, S. 171.
20 Robert Thurman: *Grenzenlos leben*, S. 16.
21 Alan Watts: *Vom Geist des Zen*, S. 34.
22 Meister Ryokan: *Alle Dinge sind im Herzen*, S. 115.
23 Alan Watts: *Zen – Stille des Geistes*, S. 97.
24 Thich Nhat Hanh: *Die Sonne, mein Herz*, S. 41.
25 Ikkyu Sojun: *Zen-Gedichte von der verrückten Wolke*, S. 7.
26 Shunryu Suzuki: *Seid wie reine Seide und scharfer Stahl*, S. 119 ff.
27 Zitiert in Paul H. Köppler: *So spricht Buddha*, S. 12.
28 Stephen Batchelor: *Buddhismus für Ungläubige*, S. 52.
29 Zitiert in Thich Nhat Hanh: *Der Buddha sagt*, S. 22.
30 Das Interview, aus dem dieses Zitat stammt, ist in *Buddhismus heute* Nr. 7 (1991) zu finden (siehe Anm. 1).
31 Zitiert in Helwig Schmidt-Glintzer: *Lektionen der Stille*, S. 64.
32 Richard Rohr: *Wer loslässt, wird gehalten. Das Geschenk des kontemplativen Gebets*. Claudius Verlag, München 2001, S. 56.
33 Taisen Deshimaru: *Fragen an einen Zen-Meister*, S. 21.
34 Meister Joshu: *Rein in Samsara*, S. 35.
35 Leicht modifiziert wiedergegeben nach Jon Kabat-Zinn: *Ruhe im Alltag finden*, S. 126.
36 Brad Warner: *Hardcore Zen*, S. 244.
37 Kodo Sawaki: *Zen ist die größte Lüge aller Zeiten*, S. 22.

38 Ebenda, S. 9.
39 Ebenda, S. 10.
40 Clark Strand: *Einfach meditieren*, S. 14.
41 Alan Watts: *Zen – Stille des Geistes*, S. 42.
42 Ryokan: *Alle Dinge sind im Herzen*, S. 86.
43 Ebenda, S. 81.
44 Quelle für dieses Gleichnis sind die hervorragenden Berzin Archives, die man im Internet findet und in denen man stundenlang stöbern kann: www.berzinarchives.com/web/de/archives/e-books/published_books/gelug_kagyu_mahamudra/pt1/mm_01.html.
45 Ryokan: *Alle Dinge sind im Herzen*, S. 80.
46 Yoel Hoffmann: *Die Kunst des letzten Augenblicks*, S. 70.
47 Dogen Zenji: *Shobogenzo*, S. 24.
48 Ryokan: *Alle Dinge sind im Herzen*, S. 141.
49 Stephen Batchelor: *Buddhismus für Ungläubige*, S. 28.

Über den Autor

Dirk Grosser ist Autor, Musiker und Seminarleiter, liebt lange Spaziergänge, Hunde, Wälder, Berge und das Meer. Er verfügt über langjährige Erfahrung in den mystischen Zweigen der Weltreligionen und den entsprechenden Meditationstraditionen. In diesem Rahmen hat er zahlreiche Bücher und CDs veröffentlicht. Zudem berät er Menschen in spirituellen Krisen, denen er zu einem neuen Blick auf ihren ganz eigenen Weg verhilft. Beeinflusst ist  er vor allem von der Philosophie der Antike, einem keltisch geprägten Christentum, dem frühen Taoismus, Meditation, einem unkonventionellen Zugang zum Buddhismus und eigener Naturerfahrung.
Mehrere Jahre lang betreute er den Jugendbereich einer internationalen christlich-mystischen Meditationsgemeinschaft, arbeitete als Lektor in spirituellen Verlagen und spielte in verschiedenen Bands.
Er meditiert regelmäßig, aber traditionsungebunden, und hat in dieser Praxis schon einige Höhen und Tiefen kennengelernt – darunter auch Tiefen, die sich im Nachhinein als Höhen entpuppten, und umgekehrt.
Er ist Vater zweier Töchter und lebt in der Stille des schönen Kalletals.
Weitere Informationen über ihn, seine Arbeit, seine Vorträge und Seminare finden Sie unter: **www.dirk-grosser.de**.

Über den Hund

Bobba war ein Mischling unbekannter Eltern, der laut zerfleddertem Impfausweis 1991 zur Welt kam. Er wurde von mehreren Besitzern herumgereicht und sah mehrmals das Tierheim von innen, bis er Ende 1992 auf seltsamen Umwegen Dirk Grosser begegnete. Hier verbrachte er seine weiteren Jahre und betätigte sich unter anderem als Meditationslehrer, Parksheriff, Gartengestalter, Katzenversteher, Eichhörnchenjäger, professioneller Quietschballspieler und Studienabbruchberater. Er liebte lange Spaziergänge ebenso wie das faule Herumliegen und war der beste Hund, den man sich nur denken kann. Er verfasste keine Bücher, weil er den Weg des Tao und den Weg des Zen wirklich verstand und somit wusste, dass zu viele Worte eher hinderlich sind. 2005 erkrankte er an Milzkrebs, dem er 2006 erlag. Bis heute wird er schmerzlich vermisst.

Der grüne Daumen
für die Seele

176 Seiten. ISBN 978-3-424-63177-7

Der renommierte Achtsamkeitslehrer Lienhard Valentin zeigt uns, wie wir uns selbst mit mehr Verständnis und Empathie begegnen und damit unser wahres Ich zum Erblühen bringen. Die wichtigsten Tools hierfür sind Selbstmitgefühl und Selbstreflexion.

In der Praxis erprobte Achtsamkeitsübungen und Meditationen unterstützen den transformierenden Prozess und schenken neue Kraft und Inspiration.

Überall, wo es Bücher gibt, und unter www.kailash-verlag.de